BIBLIOTHÈQUE DES CAHIERS DE L'INSTITUT
DE LINGUISTIQUE DE LOUVAIN — 113

BOUROUCHASKIANA

ACTES DU COLLOQUE SUR LE BOUROUCHASKI ORGANISÉ À L'OCCASION DU XXXVIème CONGRÈS INTERNATIONAL SUR LES ÉTUDES ASIATIQUES ET NORD-AFRICAINES

(Montréal, 27 août - 2 septembre 2002)

édités par

Étienne TIFFOU

PEETERS
LOUVAIN-LA-NEUVE
2004

D. 2004/0602/130 ISSN 0779-1666 ISBN 90-429-1528-5 (Peeters Leuven)
ISBN 2-87723-823-7 (Peeters France)

Bondgenotenlaan 153
B-3000 Leuven

Printed in Belgium

BOUROUCHASKIANA

éditées par

Étienne TIFFOU

ABRÉVIATIONS

ABL	ablatif
ABS	absolutif
and.	andi
ar.	arabe
BH	bourouchaski du Hounza
BN	bourouchaski du Nager
bour.	bourouchaski
BS	base spéciale
bsq.	basque
BY	bourouchaski du Yasin
CIS	cislocatif
cf.	confer
cpr.	comparer
DAT	datif
EMPH	emphatique
ERG	ergatif
F/f	classe designant les humains féminins (dans l'article d'E. Bashir, la minuscule réfère au genre féminin)
FUT	futur
gr.	grec
H/h	classe des êtres humains (m et f)
IA	indo-aryen
IAN	indo-aryen du Nord
IANO	indo-aryen du Nord-Ouest
IMP	impératif
IMPERF	imperfectif
INF	infinitif
kab.	kabardien
lat.	latin
lit.	littéralement
LOC	locatif
M/m	classe désignant des humains masculins
NÉG	négatif
NOM	forme nominale du verbe. Il y en a cinq: NOM_1, NOM_2, etc.
OBL	oblique
op. cit.	œuvre citée
oud.	oudi
p/pl	pluriel
PARF	parfait
PF	perfectif
PIE	proto-indo-européen
PTP	participe
PRÉT	prétérit
PRÉS	présent
PROGR	progressif
Prs.	persan
PSS	passé
PONC	ponctuel
Q	marqueur interrogatif
sg	singulier
SB	subordonnant
v	voir
v.c.	verbe causatif
v.i.	verbe intransitif
v.t.	verbe transitif
X/x	classe des animés et des objets comptables
xin	xinaloug
Y/y	classe des abstraits et des objets non comptables

BCILL 113 : *Bourouchaskiana*, 7-11

AVANT-PROPOS

Étienne TIFFOU

Le XXXVIème Congrès International des Études Asiatiques et Nord Africaines (ICANAS) s'est tenu à Montréal, du 27 août au 2 septembre 2000. J'ai pu organiser, au sein de celui-ci, un colloque international sur le bourouchaski. C'est la première fois, à ma connaissance, qu'un tel événement a eu lieu. Il a réuni, une journée durant, des linguistes qui se sont intéressés ou qui se sont consacrés à l'étude de cette langue. Le matin, de 9h à midi et demi, ont été présentées et discutées à loisir quatre communications, reprises ici sous forme d'article, qui couvrent les domaines les plus variés. L'étude de Hermann Berger intéresse la phonologie et la morphologie, tout en s'efforçant de dégager un trait original de la typologie du bourouchaski. Le travail d'Elena Bashir se penche sur l'étude délicate du préfixe verbal *d-*, qui relève à la fois de la morphologie, de la syntaxe et de la sémantique, et s'attache à trouver une réponse au délicat problème posé par ce préfixe, en faisant appel à une démarche linguistique appuyée sur des théories cognitives. Quant à l'article que j'ai écrit avec Yves Charles Morin, il s'attache à décrire précisément l'organisation du bénéfactif afin d'en mieux comprendre les principes de fonctionnement. S'il est possible de comprendre sur quoi ceux-ci reposent, il subsiste cependant certains points qui attendent encore une solution. La séance du matin s'est terminée avec la communication de Hugh van Skyhawk, qui s'est employé à présenter les contraintes ignorées jusque-là de la littérature en bourouchaski et auxquelles elle se trouve soumise à la suite de l'introduction relativement récente dans le Nord du Pakistan des techniques modernes de communication. Actuellement, les difficultés semblent avoir été surmontées, mais il est fort probable qu'il faudra relever d'autres défis.

L'après-midi a été consacrée à une présentation de l'état présent des études en bourouchaski et des tâches qui restaient à accomplir, qu'elles fussent urgentes, à moyen ou à long terme. Au cours de la discussion, les interventions faisaient écho aux bilans présentés respectivement par Elena Bashir (2000) et par moi-même (2000), que ce fût consciemment ou parce qu'ils répondaient bien aux préoccupations des chercheurs. Aussi m'en suis-je inspiré dans le rappel des thèmes débattus tout au long de cet échange de vue.

Trois des textes des communications ont été rédigés en anglais. Les auteurs ont donné leur accord pour qu'ils fussent édités en français. Je me suis chargé de la traduction. Il est inévitable que des distorsions se soient produites tout au long de l'exercice, mais je pense que les textes, tels que présentés, peuvent être considérés comme ceux de référence, car je peux affirmer, au mieux de ma connaissance, qu'ils sont restés fidèles à l'essentiel de la pensée des auteurs.

D'autre part, je me suis efforcé dans la mesure du possible d'uniformiser la terminologie des auteurs, mais je ne l'ai jamais fait sans leur accord. Fort de celui-ci, j'ai préféré, par exemple, employer l'expression nominal IV plutôt que celle d'absolutif, non pas parce que c'est la terminologie que j'utilise personnellement, mais parce que ce terme désignerait à la fois le cas non marqué du nom lorsque sa fonction peut être assimilée au sujet d'un verbe intransitif ou à l'objet d'un verbe transitif – et une forme verbale généralement préfixée en *n-* qui a valeur de connecteur, de subordonnant ou de verbe d'une subordonnée. J'ai pu procéder, dans ce cas, à cet aménagement grâce à l'agrément d'Elena Bashir, au préalable consultée. Il n'en reste pas moins que, lorsque quelque obstacle résistait à tout effort pour l'aplanir, je me suis résigné à conserver quelques variations terminologiques, secondaires pour la plupart.

Certains articles comportant de nombreuses références, il m'est apparu préférable, plutôt que de les citer en note ou à la fin de chacun des textes, de les regrouper sous une rubrique spéciale, à laquelle le lecteur pourra se reporter.

*

En ce qui concerne la notation du bourouchaski, je m'en suis tenu à celle qu'utilise Hermann Berger dans son livre sur le bourouchaski du Yasin (1974), à une exception près : le phonème */tˢ/* a été noté sans diacritique, c'est-à-dire */c/*, et non */ċ/*. Le tableau suivant a été repris par commodité de mon livre *Parlons bourouchaski* (1999). Les différences phonologiques entre le parler du Yasin et celui du Hounza-Nager sont très minces. Le phonème noté en gras n'existe qu'au Yasin, ceux en italique ne sont attestés qu'au Hounza-Nager. Le */x/* du Yasin correspond au */qh/* du Hounza-Nager. Quant au */y̭/*, il n'apparaît que dans cette dernière langue.

			Labiales	Dentales	Rétroflexes	Palatales	Vélaires	Postérieures
ORALES	Occlusives	Sourdes	p	t	ṭ		k	q
		Sonores	b	d	ḍ		g	
		Aspirées	ph	th	ṭh		kh	*qh*
	Affriquées	Sourdes	(pf)	c [ċ]	c̣	č		
		Sonores			j̣	j		
		Aspirées		ch [ċh]	c̣h	čh		
	Fricatives	Sourdes	(f)	s	ṣ	š	**x**	h
		Sonores		z	(ẓ)	(ž)	ɣ	
	Nasales		m	n		ŋ		
	Continues		w	l	ỵ	y		
	Vibrante		r					

Pour faciliter à ceux qui ne connaissent pas le bourouchaski, la compréhension de cette notation, je reprends la présentation que j'en ai faite dans le même ouvrage :

“Les sons dont je ne donne pas de description se prononcent comme en français. J'en viens donc à ceux qui nécessitent des éclaircissements.

Le bourouchaski connaît une série de rétroflexes, c'est-à-dire de sons où la pointe de la langue monte à la perpendiculaire pour entrer en contact avec le palais. Cette série est notée avec un point dessous */ṭ/, /ḍ/, /ṭh/, /c̣/, /j̣ (ẓ)/, /c̣h/, /ṣ/, /ỵ/*. Le */ỵ/* ne se trouve dans aucune autre langue du monde ; il s'agit d'un phonème susceptible d'avoir des allophones qui en diffèrent sensiblement. Il est difficile d'en donner une idée précise. Le son donne une impression de mouillure, mais d'une coloration particulière due au mode d'articulation rétroflexe. On note, en outre, une série complète d'occlusives rétroflexes (*/ṭ/, /ḍ/, /ṭh/*), et une série complète d'affriquées du même ordre *(/c̣/, /j̣/, /c̣h/)*. Dans ce dernier cas, il s'agit de chuintantes précédées d'un [ṭ] ou d'un [ḍ] qui explosent après la prononciation de celui-ci. Les mots anglais *church* et *judge* donnent une bonne illustration de l'affrication, mais il faut, en bourouchaski, que la langue soit dressée perpendiculairement vers le palais. La rétroflexe sonore */j̣/* a un allophone qui se caractérise par la perte de l'affrication [ẓ].

Le bourouchaski dispose également d'une série de palatales prononcées en avançant le dos de la langue vers l'avant du palais, juste au-dessus de la zone post-alvéolaire : */č/, /j/ (ž), /čh/, /š/, /ŋ/, /y/.* La prononciation [š] est à bien des égards comparable à celle de la chuintante du pronom personnel de l'allemand *ich.* Quant aux affriquées */č/ et /j/,* on les retrouve dans des mots anglais comme *church* et *judge,* mais le dos de la langue est plus proche de la zone post-alvéolaire. Il en va de l'affriquée sonore palatale comme de l'affriquée sonore rétroflexe ; elle possède, elle aussi, un allophone caractérisé par la perte de l'affrication [ž]. Enfin, la nasale palatale */ŋ/* se prononce comme la nasale des participes présents de l'anglais (*singing*).

Outre le */h/,* le bourouchaski connaît deux postérieures */q/* et */qh/.* La postérieure sourde s'obtient en rétractant le dos de la langue vers l'arrière du palais mou. Le qāf de l'arabe en donne une bonne idée. Quant à l'aspirée, elle n'est attestée qu'en hounza-nager ; elle a pour correspondant dans le dialecte du Yasin une fricative vélaire sourde */x/* qui se prononce comme le *ch* de l'allemand dans *Bach.* La fricative vélaire sonore */ɣ/* qui lui fait pendant est, en revanche, attestée dans les deux dialectes. Sa prononciation est proche de celle du *r* en français standard (*ramure*). La dernière consonne qui mérite d'être commentée est celle que je note par un *c,* que Berger surmonte d'un point ainsi que son pendant aspiré. Il s'agit d'affriquées dont la réalisation est semblable à celle du *ts* de *tsigane.*

Le bourouchaski dispose d'un système vocalique moins complexe que son système consonantique. On compte cinq voyelles brèves *a, e, i, o, u* ; à chacune d'elles correspond une longue : *aa, ee, ii, oo, uu,* qui peut être accentuée sur la première ou la deuxième more (ex. : *áamala* "j'ai peur", *qarqaámuc* "poulet"). Le timbre des brèves *o* et *u* tend à se confondre en position inaccentuée.

En bourouchaski, tous les mots portent un accent noté par un accent aigu (ex. : *duɣáresen* "ils demandèrent", *néecum* "de lui", *éspapayen* "ils le firent cuire"). C'est un accent d'intensité qui joue, comme en anglais, un rôle lexical, c'est-à-dire qu'il participe à l'identification du mot. Il est possible cependant de poser certaines règles. On distinguera les morphèmes qui ont (I) ou qui n'ont pas (II) d'accent propre. L'accent peut donc frapper soit le segment porteur de sens, soit l'un des affixes. Lorsque ceux-ci font défaut, la place de l'accent n'est pas prévisible ; toutefois, lorsqu'il est sur la dernière syllabe, il y a de fortes chances pour que le mot soit d'origine étrangère (*saraŋpayá* "escalier", mot d'origine khowar). Lorsqu'un mot est de type II, c'est le suffixe qui porte l'accent (ex. : *gal-í* "il alla" à distinguer de *gál-i* "il se brisa"). Lorsque le mot est préfixé, il y a remontée de l'accent : *man-í* "il est devenu", mais *a-mán-a* "je suis devenu". Il existe, d'autre part, une série d'articles préfixés qui, lorsqu'ils s'adjoignent à un mot, effacent chez celui-ci tout accent (ex. : *é-man-i* "il était capable" ; cpr. *a-mán-a* "je suis devenu" et *á-man-a* "j'étais capable")."

Pour comprendre à quoi correspondent les notations ´̠, ∸, ∸-, on se reportera au tableau de la page 65 du présent ouvrage.

*

Au terme de cette présentation, je tiens à remercier les éditions de la *Bibliothèque des Cahiers de Linguistique de Louvain* et leur directeur Yves Duhoux d'avoir accepté de publier dans leur collection les actes de ce colloque. Ma reconnaissance va également à mon collègue, Gaston Laurion, qui a bien voulu en relire les épreuves.

BCILL 113 : *Bourouchaskiana*, 13-16

RECONSTRUCTION D'ANCIENNES FORMES LINGUISTIQUES EN BOUROUCHASKI

Hermann Berger
Université de Heidelberg

Le bourouchaski a attiré, de façon extraordinaire, l'attention des linguistes durant plus de cinquante ans. Bien que cette langue n'offre pas de traits qu'on ne puisse aussi trouver sous la même forme ou dans une forme similaire dans d'autres langues, leur coexistence à l'intérieur de celle-ci a déterminé un type qui lui est vraiment propre et qui justifie que l'on mène des recherches aussi scrupuleuses que possible sur son origine et sur le processus qui a mené pas à pas à son état présent.

Il est clair qu'il n'a pas été possible, jusqu'à présent, de découvrir une parenté généalogique avec un autre langage. Après avoir publié, il y a plus de quarante ans, poussé par l'enthousiasme des débutants, quelques essais hâtifs et erronés qui allaient dans ce sens, je considère maintenant qu'il est fort peu probable qu'on puisse trouver au bourouchaski une parenté, et moins encore la prouver. Alors que, certainement, il y avait, en des temps très reculés, des langues qui lui étaient apparentées, la distance chronologique qu'il y a entre leur séparation et le moment présent est si grande que les formes anciennes se sont altérées au point de ne plus être reconnaissables, ce qui rend toute comparaison convaincante impossible. On peut toutefois se demander, si, outre la comparaison avec d'autres langues, il n'est pas d'autres méthodes d'analyse. Je suis en mesure, je le crois, de dire qu'il en existe. À cet effet, on trouvera, dans la discussion qui suit, la présentation de quelques exemples.

Tout d'abord, les trois dialectes du bourouchaski (le hounza, le nager et le yasin) se prêtent entre eux à la comparaison. Toutefois ce qu'on peut espérer en tirer est relativement minime, puisque le dialecte du Yasin s'est séparé des deux autres dialectes, il n'y a que quelques siècles seulement. Il en va de même pour les nombreuses langues du voisinage, toutes attestées à date récente. Mais on peut en tirer profit quand elles sont associées au trait le plus saillant de la langue, qu'on appréhende, lors de l'apprentissage, au premier coup d'œil : il s'agit de l'énorme complexité de la morphologie.

On posera comme règle qu'il y a allomorphie quand se produisent des changements qui viennent troubler la régularité morphologique, sans réparation par analogie aux variantes non modifiées. On en trouvera un exemple dans le marquage de pluriel en fin de verbe. Dans le cas d'un certain nombre de verbes aujourd'hui limité, un second morphème se terminant en *-a-* et qui suit immédiatement le radical verbal peut apparaître, en s'adjoignant aux désinences personnelles d'un verbe intransitif, lorsque le sujet est au pluriel, ou, dans le cas des verbes transitifs, lorsque les préfixes pronominaux le sont. Par exemple, outre le traditionnel *girát-uman* "ils (ou nous ou vous) dansent", on peut également employer avec le même sens *girá-ča-man.* L'exemple donné montre que la consonne finale du radical est modifiée selon certaines règles. Ainsi *t,* mais aussi *ṭ* et *c* deviennent *č,* comme, par exemple, dans *hurúča-* de *hurúṭ-* "rester assis", *gáarča-* de *gáarc-* "s'en aller" ; par ailleurs, *s* devient *š,* comme c'est le cas dans *ɣašá-* de *ɣas-́* "rire" ; *l* et *n* en fin de radical demeurent, mais un *j* peut s'insérer. comme au Yasin dans *di-hílja-* de *di-híl-* "devenir mouillé", *phánja-* de *phán-* "enfler". Après une voyelle suivie d'un *k,* on trouve *-ya-* ou *-ia-,* comme au Yasin dans *du-húk-ia* de *du-húk-* "fondre". Au reste, il y a de fortes chances pour que ce *-ya-/-ia-* soit la forme la plus ancienne. C'est ce qui ressort du changement de la consonne finale du radical causé par la palatalisation entraînée par le *i/y,* une des composantes du marquage de pluriel. Les lois phonétiques que l'on pose à partir de ces observations permettent efficacement de simplifier le système extrêmement compliqué des marques de pluriel dans les noms. Des formes telles que *bilášo* de *bilás* "sorcière", *tól-jo* de *tol* "serpent", etc, montrent que la désinence de pluriel *-o* était à l'origine *-io* ou *-yo,* une forme qui n'est attestée au Yasin que dans deux mots seulement : *har-ió* "bœufs" et *sar-ió* "lapins". De façon similaire, on peut prouver que la forme de base des désinences de pluriel des noms de la classe y se terminait en *-iaŋ,* qui est actuellement employé très rarement et, en allant plus loin, que grosso modo les vingt principaux types de désinences peuvent se ramener à des modifications ou à des combinaisons de *-iaŋ, -io* et *-c,* ce qui revient à dire que le marquage du pluriel des noms est sous-tendu par un système parfaitement cohérent.

Alors que les langues du monde développent des formations analogiques visant, pour la plupart d'entre elles, à simplifier et à rendre plus régulier un système qui a été bouleversé par des changements phonétiques, le bourouchaski semble souvent obéir à une démarche inverse. On trouvera de ce phénomène un exemple frappant dans la négation verbale. Celle-ci est marquée par un préfixe *a-,* dont l'emploi entraîne une telle complexité dans la formation des mots que j'évite presque toujours d'en parler dans une présentation orale. Tout d'abord, il faut rappeler que le préfixe simple en *a-* n'apparaît seulement que devant des préfixes personnels et les consonnes *g, ɣ, d, b, j ;* dans les autres cas, la langue recourt comme substitut au marquage *oó-,* et ce, pour des raisons qu'il n'y a pas lieu de discuter ici. Quoi qu'il en soit, la consonne qui vient à être précédée de la négation en *a-* s'assourdit. On citera, à titre d'exemple, *gán-imi* "il l'a pris", mais *a-kán-imi* "il ne l'a pas pris" ; *mi-mán-uman* "nous devenons", et avec le préfixe *mi-* "nous" la forme niée est la suivante : *a-mí-man-uman.* En revanche, nous avons *oó-man-imi* "ça n'est pas devenu", pendant négatif de la forme verbale non préfixée *man-ími* "c'est devenu". L'assourdissement qui ne saurait être de nature phonologique, peut seulement s'expliquer à partir de l'interaction de deux analogies caractéristiques du bourouchaski, dont la présentation suit. Il est des verbes en bourouchaski qui sont accentués sur le radical, tel que *gán-imi* "il l'a pris", il en est d'autres qui sont accentués sur la désinence personnelle, tel que *man-ími* "c'est devenu". Si un préfixe d'une syllabe s'adjoint à un verbe accentué sur la désinence, l'accent se déplace sur la syllabe précédente. Ainsi "il est devenu" se dira *i-mán-imi,* et non **i-man-ími ;* on dira de même *du-mán-imi* "le lait s'est caillé", et non **du-man-ími.* Si, en plus, un deuxième et même un troisième préfixe viennent s'adjoindre, alors chaque fois l'accent se déplace vers la syllabe qui précède ; ainsi, à côté de *man-úma* "tu es devenu (parce que tel était ton désir)", nous avons *gu-mán-uma* "tu es devenu (malgré toi)", *du-kú-man-uma* "tu es né" et *a-tú-ku-man-uma* "tu n'es pas né". La seule explication à cette organisation repose probablement sur le fait que l'accent, qui se plaçait naturellement après un préfixe proclitique, tel est le cas de *i-mán-imi* "il est devenu" et de *du-mán-imi* " (le lait) s'est caillé", a entraîné une loi abstraite selon laquelle toute forme verbale doit être accentuée sur la deuxième syllabe. En conséquence, si la négation *a-* vient à être employée avec le préfixe *du-/di-/d-,* celui-ci doit être accentué et le *d-* devient *t,* comme dans *a-tú-ku-man-uma* "tu n'es pas né" à côté de *du-kú-man-uma* "tu es né". On ne saurait passer sous silence que le déplacement vers la syllabe précédente est cause dans le radical d'un grand nombre de réductions phonétiques. Ainsi, par exemple, *du-qhóqu-mi* "ça s'est embrouillé" devient à la forme négative *a-tú-ququ-mi,* où un *o* inaccentué se confond avec *u* et en prend la prononciation, tandis que l'aspirée *qh* perd son aspiration en syllabe inaccentuée.

La seconde analogie porte sur l'assourdissement inexplicable, déjà mentionné, de *g, γ, d, b* ou *j̣,* lorsqu'une de ces consonnes perd la position initiale à la suite d'une préfixation ; tel est le cas de *a-kán-imi* "il ne l'a pas pris" vis-à-vis de *gán-imi* "il l'a pris", etc. Le point de départ semble être le préfixe *d-.* Des formes tel que *du-mán-imi* "il s'est caillé", *di-mí-man-uman* "nous sommes nés" pourraient être dérivées de **tu-mán-imi, *ti-mí-man-uman,* car il y a de nombreux exemples, surtout dans les mots provenant du china, où des plosives sourdes se sonorisent en position initiale devant une syllabe accentuée, comme par exemple dans *butún* "sac" du china *phutún,* et, parmi les mots authentiques de bourouchaski, on comparera *gukór-* "gratter (lorsque l'objet est de la classe y)" avec *i-khókur-* gratter (lorsque l'objet est de la classe x)", etc. En outre, il est probable qu'un élément pronominal se cache derrière le préfixe *d/t,* il pourrait s'agir du *t* qu'on trouve dans *e-t* ou *i-t-é* "cela" quand on a affaire à des objets inanimés, non-comptables. On aurait quelque chose de parallèle avec le préfixe *-s-,* qui permet de

CILL 113 : *Bourouchaskiana*, 17-62

LE PRÉFIXE *D-* EN BOUROUCHASKI : DEIXIS ET POINT DE RÉFÉRENCE[1]

Elena Bashir
Université de Chicago

1. Introduction

1.1. Le préfixe verbal en *d-*

Une des questions les plus curieuses de la morphologie verbale du bourouchaski porte sur la fonction et l'origine du préfixe *d-*. Les lexiques du bourouchaski du Hounza, du Nager, et du Yasin (notés désormais BH, BN, et BY) présentent une population de verbes qui peuvent se répartirent en trois catégories : (a) ceux qui comportent des formes tantôt non-préfixées, tantôt préfixées en *d-* ; (b) ceux qui comportent seulement des formes préfixées en *d-* ; (c) et ceux qui n'en comportent jamais. Un exemple de chaque groupe est donné en (1).

(1) a. Formes en *d-* et sans *d-* : *man-́, -mán-* "devenir" [v.i.], *du-mán-, d-́man-* "venir au monde, naître" [v.i.] (Berger 1998 III : 278)
b. Formes en *d-* seulement : *d-́tal-/d-́thal-* "se réveiller" [v.i.] (Berger 1998 III : 416)
c. Formes sans *d-* seulement : *gučhar-* "marcher (sans but précis) ; avancer, passer" [v.i.] (Berger 1998 III : 158)

---

1 Cet article propose une version révisée d'une communication donnée au XXXVIème congrès international des études asiatiques et nord africaines (ICANAS 2000) tenu à Montréal du 27 août au 2 septembre 2000.

Avec certains ensembles de verbes pouvant comporter ou non le préfixe *d-*, la différence de sens est transparente ; ex. : *γas-́* "rire", mais *d∸γas-* "rire involontairement, éclater de rire" ; *task-́* "tirer, fumer (une cigarette)", mais *du-tásk-* "s'allonger, être élastique". En revanche, ce n'est pas le cas de tous les verbes ; ex. : *sú-* "apporter" et *du-sú-* "apporter".

Les verbes de base (c'est-à-dire non-périphrastiques) sont figés quelle que soit leur catégorie (avec ou sans *d-*). Les nouveaux verbes sont formés en combinant un élément nominal (emprunté ou d'origine bourouchaski) avec un petit nombre de verbes, tels que *∸t-* "faire" ou *man-́/-mán-*. "être, devenir". Le BH compte approximativement 300 verbes de base (Berger 1998 I : 126), En BY, on en dénombre environ 280, parmi lesquels 174 (71 %) peuvent comporter le préfixe *d-* (Tiffou et Morin 1993). La préfixation en *d-* n'est plus productive dans la langue ; ses attestations dans le système actuel ne sont plus qu'un vestige d'un état antérieur[2]. Toutefois, sa distribution présente encore certaines régularités qui permettent de proposer une explication qui en rende compte et de faire des hypothèses sur son origine.

---

2 En ce qui concerne la question de savoir à quel moment la préfixation en *d-* remonte, il appert que sa période de productivité empiète au moins sur la période des emprunts du bourouchaski aux anciennes langues indo-aryennes. Il n'est que de considérer le mot *do-óŋγur-* "courber, se pencher", qui, d'après Berger, est un ancien emprunt venant d'une racine *añc-* "courber, se pencher" (T 109, cf. *aŋkura* 'recourbé') (Berger 1998 III : 307). Un cas intéressant se présente avec le verbe *du-phóγur-* "se vanter" [v.i.] ; *d∸-puqur-* "louer" [v.t.] (Berger 1998 III : 333), que Berger croit être dérivé de *pháqhar* (cf. ourdou *faxr* "fier" < *prs.* < *ar.*) et que l'on reconnaît dans la forme récente *pháqhar ét-* "être fier, se vanter". Une telle dérivation pourrait indiquer que la préfixation en *d-* est restée productive jusqu'à une date relativement récente, au moment où le bourouchaski a subi l'influence du persan, soit directement, soit par le canal d'une autre langue, comme par exemple le khowar ou l'ourdou. Autrement, il pourrait se faire que, dans *du-phóγur-* "se vanter" ; *d∸-puqur* "louanger", on ait affaire à une forme en *d-* basée sur une racine représentée dans *phūtka* (T 9102) "souffle" où l'on passe du sens de ce dernier à celui de "gonflement". On observera ce développement sémantique en hindi moderne *phū~knā* "souffler" > "flatter", qui vient de la même racine. Cependant si l'on tient compte de l'effet onomatopéique de la labiale aspirée, quand il est question de souffler, il pourrait s'agir d'une autre création. Un travail étymologique minutieux sur les racines verbales suceptibles de recevoir le préfixe *d-* ainsi que des données étymologiques comparées des langues IA avoisinantes devraient aider à régler ce problème.

1.2. Autres manifestations possibles de *d-*

Quelques déictiques adverbiaux référant à l'endroit où le locuteur se trouve[3] présentent des formes avec ou sans *d-* à l'initiale : *d-akúrum* ~ *akúram* "autant que cela" et *d-akíl* ~ *akíl* "comme cela" (Lorimer 1035a : 110). À ce propos, Lorimer note : "Il y a une forme *dakurum* avec le même sens. Je l'ai seulement relevée dans la formule d'usage à la fin d'un conte : *čáya dakúrum bilá* 'c'est tout pour l'histoire'". Berger (1998 I : 89, 94) a *dakhíl* ~ *akhíl* "comme cela", *dakhúrum* ~ *akhúrum* "autant que cela", et en plus *dakhóle* ~ *akhóle, dakhólum* ~ *akhólum,* de même que *dakhólum* ~ *akhólar* "d'ici à là", expression qui, selon lui, n'est utilisée que lorsqu'il s'agit d'endroits fixes (1998 I : 94 ; III : 110).

Je pense que ce *d-* attesté dans ces expressions adverbiales est le même que celui que l'on trouve avec les verbes[4]. Il est significatif que ce *d-* facultatif ne soit jamais attesté avec des déictiques adverbiaux référant à l'endroit excentré, qui, eux, comportent un *t-* et un *-e ;* ex. : *taíl* "tel", *éle* ~ *teéle* "là" (Berger 1998 I : 94), autant de formes que l'on trouve également dans Lorimer (1935a, 1938) ou dans Berger (1974, et aussi 1998). Les observations indépendantes de Lorimer et de Berger selon lesquelles ces formes sont uniquement attestées lorsque la localisation est fixe, suggèrent que la présence du *d-* dans des adverbes, – du moins si l'on accepte, conformément à ce qui vient d'être avancé, que l'on a affaire au même préfixe, – doit être plus ancienne que son apparition dans les verbes, où sa fonction est encore transparente. L'expression vocative *da* pour appeler les chiens (Berger 1998 III : 108), peut aussi avoir conservé un élément *d-* à valeur déictique référant à l'endroit centré.

1.3. Recherches antérieures

La morphophonémique du préfixe verbal *d-* est décrite en détail dans les importantes œuvres d'ensemble consacrées au bourouchaski : Lorimer (1935a, b 1938), Berger (1974), Tiffou et Pesot (1989), Berger (1998) et Tiffou (1999). Dans son ouvrage de pionnier sur le BH, Lorimer (1935a : 226) n'était pas en mesure de donner un point de vue sur la fonction du préfixe *d-*. Il écrit : "Un examen de tous les exemples connus n'ont pas permis de jeter quelque lumière que ce soit sur son sens ou sur sa fonction. Il ne peut pas ne pas avoir à l'origine un sens, mais, s'il en possède encore, il reste un problème pour les futurs chercheurs." Morgenstierne (1948 : 81) note : "la fonction originale de ce préfixe a disparu. Mais c'était probablement une

---

3 On parlera désormais d'endroit ou de lieu centré pour désigner celui où se trouve le locuteur et d'endroit ou de lieu excentré pour désigner tous ceux dont il est absent.

4 Lorimer analyse ces formes de la façon suivante : *da* "de nouveau" + *akhúrum/akhíl.*

indication de direction signifiant que l'action est orientée dans la direction du locuteur, quelque chose de semblable au pachto *rā*". Berger (1974 : 32), traitant du bourouchaski du Yasin, sent qu'aucun sens commun à tous ses emplois ne peut être dégagé à partir d'une analyse synchronique.

Le préfixe *d-* a fait également l'objet de trois études. Bashir (1985), en se fondant sur le dénombrement et la classification des verbes relevés par Lorimer (1938), conclut (pour le BH) que le préfixe *d-* fonctionne "au niveau le plus général, de façon à distinguer les verbes envisagés selon leur processus, leur état et leur orientation selon le résultat de ceux qui sont orientés vers leur agent." Ainsi que l'écrivent Morin et Tiffou (1988 : 503-6), dont l'analyse pour le BY concorde dans l'ensemble avec la conclusion de Bashir (1985), quoique *d-* apparaisse parfois pour supprimer les arguments agentifs et se rapproche ainsi, pour certains verbes, du rôle syntaxique de passif tel qu'on le trouve dans d'autres langues, il n'en va pas toujours ainsi. Ils concluent (1988 : 506) : "[...] il n'est pas essentiellement associé à la construction passive et [...] sa présence n'est pas n'est pas nécessairement associée dans la langue à une quelconque opération morphologique active. En d'autres mots [...] (il) peut être simplement lexical."

Tiffou et Morin (1993) proposent une étude morphophonologique du préfixe *d-* en BY qui s'appuie sur un énorme travail mené sur ce dialecte, de nombreuses années durant. Il est fondé sur un corpus de 280 verbes établi à partir des lexiques de Lorimer (1962), Berger (1974), Morin et Tiffou (1989) et Tiffou et Pesot (1989). De ces 280 verbes, 174 (71 %) peuvent prendre un *d-*, ce qui indique que le processus de formation des verbes admettant le préfixe *d-* a été d'une importance capitale dans la langue à une certaine époque. La plupart des verbes en *d-* peuvent être rattachés à des formes non-préfixées, mais, pour 34 % d'entre eux, il est impossible de proposer une analyse transparente. Tiffou et Morin (1993) identifient cinq classes morphophonologiques dans la population des verbes en *d-* du BY, et proposent une chronologie relativement ordonnée d'après certaines configurations d'harmonisation vocalique. Dans quatre de ces classes, la préfixation en *d-* n'implique pas une corrélation en rapport avec la transitivité. Dans leur plus ancien type, c'est-à-dire le quatrième (15 verbes, 8.6 %), les deux membres de la paire sont intransitifs. Par exemple, dans la paire *-xaráṭ- /du-xáraṭ-* "être collé, attaché", la forme non-préfixée implique que l'adhérence d'une chose est le résultat d'une intervention, alors que la forme préfixée implique que la chose en question s'est collée spontanément sous l'effet de l'humidité, par exemple (1993 : 387). Cette distinction s'applique à tous les verbes du type IV (Tiffou et Morin 1993 : 388). Le groupe de type V (5 verbes, 2,9 %), une sous-catégorie du type IV, présente deux types de paires : intransitif > intransitif préfixé en *d-* // transitif > transitif préfixé en *d-*. Dans le type III, qui comporte la plus grosse population (52 verbes, 29.9 %), les verbes ont à la fois un intransitif et un transitif préfixés, l'un et l'autre, en *d-* (il n'y a pas de variantes attestées sans *d-*). Les verbes du type II (25 verbes, 14.40 %) offrent trois genres de formes : transitif > intransitif préfixé en *d-* > transitif préfixé en *d-*. C'est seulement dans le type I (42 verbes, 24.2 %), le plus régulier et probablement le plus récemment développé, que la préfixation en *d-* est directement en corrélation avec l'intransitivité puisque la forme intransitive est préfixée en *d-*, alors que la transitive ne l'est pas. Ces résultats montrent clairement que le marquage d'intransitivité n'est pas la première fonction de *d-*, mais un phénomène secondaire dont l'apparition dépend de la valeur sémantique d'un verbe donné. Cependant, il appert aussi que tout au long de la période durant laquelle la préfixation en *d-* était productive, la fonction de ce *d-* a subi jusqu'à un certain degré une réanalyse qui a eu pour effet d'associer de façon significative l'intransitif et le préfixe *d-*. Tiffou et Morin (1993 : 388) concluent que, d'une façon générale, le préfixe *d-* a pour fonction de marquer un procès verbal en effaçant toute référence à ce qui en est la cause[5].

Les recherches actuelles ont montré à l'évidence qu'on ne peut caractériser *d-* comme un simple marqueur de passif ou d'intransitivité. La discussion qui suit tentera de caractériser et d'expliquer les diverses valeurs sémantiques de *d-*, en s'appuyant sur une analyse fondée sur certains principes de la linguistique cognitive.

1.4. Fonctions des verbes préfixés en *d-*

Pour décrire la fonction de la préfixation en *d-*, on trouvera un outil précieux dans la classification établie tout d'abord par Vendler (1967), à laquelle a recouru Holisky (1979, 1983) pour son analyse des verbes en tsova-toush (batsbi) et en géorgien, modifié par la suite par Johanson (2000). Holisky procède à une modification tripartite de la classification de Vendler en se fondant sur deux paramètres sémantiques (+/- point d'achèvement et +/- activité) pour caractériser les verbes à activité télique, les verbes à activité atélique et les verbes statifs. Un verbe télique comporte un point de délimitation, que ce soit un point terminal, un point d'achèvement ou un point de départ ; un verbe atélique est un verbe qui ne peut être ainsi spécifié. On trouvera en (2) la classification, telle que proposée par Holisky.

(2)	activité télique	+ point de délimitation	+ activité
	activité atélique	- point de délimitation	+ activité
	statif	- point de délimitation	- activité

---

5 Ce n'est qu'après que j'eus écrit cette étude que j'ai pu lire le travail que B. Tikkanen (1999b) a publié sur les préfixes *d-* et *n-*. Le lecteur consultera donc cet article pour prendre connaissance d'un autre traitement récent du sujet ici traité.

Johanson (2000) propose un autre développement de ce principe d'analyse. Dans sa classification des locutions d'action (c'est-à-dire verbes/formes verbales), il distingue à la base le trait "transformatif" du trait "non-transformatif", qu'il définit comme suit : "Une locution d'action est transformative [+t] si l'action qu'elle désigne implique un point tournant dans un développement naturel, un début marqué ou une limite finale ⊗. Une locution non-tranformative [-t] n'implique pas une telle limite" (2000 : 59).Voici cette classification, telle qu'elle a été proposée par Johanson (2000 : 58) :

(3)

CATÉGORIE INTERNE DE LA STUCTURE D'UNE LOCUTION VERBALE	VALEUR D'ACTION CONCEPTUALISÉE COMME
Transformatif [+ t]	Transformation implicite
Transformatif fini [+ tf]	Transformation finale implicite
[+ mom(entané)]	Sans moment saillant
[- mom]	Avec moment saillant
Initiotransformatif [+ ti]	Transformation initiale implicite
Non-transformatif [- t]	Sans transformation
[+ dyn(amique)]	dynamique
[- dyn]	statique

On tirera de ce schéma cinq classes de structure de locution : (I) transformatives finies momentanées [+ tf + mom] ; (II) transformations finies non-momentanées [+ tf - mom] ; (III) initiotranformatives [+ ti] ; (IV) non-transformatives dynamiques [- t + dyn] ; (V) non-transformatives non-dynamiques [- tf - dyn] (Johanson 2000 : 58).

On peut décrire de nombreuses fonctions du préfixe *d-* en recourant à la sémantique lexicale pour un verbe donné et en employant notamment les concepts de télicité et de transformation. Les sous-types de Johanson [I] et [III] fournissent la catégorie [+ point de délimitation, -activité], absente dans le schéma de Holisky et qui nous apparaît nécessaire pour caractériser de nombreux verbes en *d-*. Dans les deux sous-types suivants à valeur ingressive, *d-* a pour fonction de *fournir* un point de délimitation, aménageant ainsi, dans un état ou une activité non spécifiée du point de vue de la délimitation, un point spécifié, qu'il s'agisse d'un point de départ ou d'un point d'arrivée. Cette opération a pour effet de changer un verbe atélique en verbe télique, ou, pour employer les termes de Johanson, de fonctionner comme un marqueur [+ t].

Transformations de prédicats statifs (adjectifs) en verbes téliques (changement d'état). Pour ce type de verbes, *d-* indique une entrée dans un état (envisagé du point de vue de son achèvement). Ces changements d'état sont considérés comme des événements spontanés, sans agent dans leur représentation conceptuelle. Les verbes donnés en (4) offrent un bon exemple de cette catégorie dérivée d'adjectifs.

(4) *du šóqu- ~ du-šóqi-* "être lâche, défait" (< *šóqum* "lâche") (Berger 1998 III : 397)
du-čháɣur/d-̄čaqur- "refroidir" [v.i.] (< *čháɣurum* "froid") (Berger 1998 III : 95)
du-ɣánḍar- "devenir crochu" [v.i-] (< *ɣánḍer* "crochu") (Berger 1998 III : 169)
di-bíran- "devenir plein" (< *bir~bil* "plein"). (Cf. *-̄-biran-* "remplir" [v.t.]) (Berger 1998 III : 54)

Inceptif. Il s'agit d'une notion télique [+ ti]. Dans la paire *–mán-* "devenir", *du-mán-* "naître, venir au monde", *d-* marque l'entrée dans l'état d'être[6]. Deux verbes lexicaux, utilisés dans une construction pour indiquer l'entrée dans une action, sont préfixés en *d-*. On a affaire pour le premier à *du-ún-* "commencer à". La valeur inceptive est une des plus répandues dans ce verbe, dont la signification de base est "saisir, s'accrocher à" dans le sens que l'on donne à ces termes quand il est question de phénomènes physiques, comme le gel ou la rouille (Lorimer 1938 : 145 ; Berger 1998 II : 72)[7]. On citera à titre d'exemple (5) :

(5)	*guncí*	*eɣánas-ce*	*du-ún-imi*
	jours	compte-sur	commence à(PRÉT)3s.h

"Il commença à compter les jours." (Lorimer 1938 : 145)

L'autre verbe utilisé en BH avec un sens inceptif, *du-ɣúuskin-/duɣúiskin-* "commencer à V (sens d'un verbe)", ne comporte pas apparemment de forme sans *d-* (Berger 1998 III : 183 ; Lorimer 1938 : 142) :

(6) a. *éčar-ar/étas-ar/étase/étasce duɣúuskin/duɣúiskin-* "commencer à faire" (Berger 1998 III : 183)

---

6 En BY, dans la paire *pháq-* "ramper" et *du-pháq-* "ramper", qui appartient, selon Tiffou et Morin (1993 :386), au type IV, il apparaît que *du-pháq-* peut avoir un sens inceptif "commencer à ramper".

7 Ce développement sémantique est similaire à celui de *lagnā* "attacher à" en hindi et en ourdou : "attacher à" > "commencer à V (sens d'un verbe), se mettre à V".

b. *sénar-ar* *dúuyuskinimi*
dire.INF-DAT commencer-PRÊT.3s.
"Il commença à dire" (Lorimer 1938 : 142)

Dans le groupe suivant consacré à d'autres sens développés à partir de celui-ci, l'emphase est mise sur un point terminal préexistant, plutôt que sur un point de délimitation qui aurait été créé ou ajouté. Cela a pour conséquence d'orienter le procès verbal vers le patient.

Inchoatif (changement d'état, du point de vue d'un nouvel état). Le sens de base de certains verbes comporte un changement d'état. De tels verbes sont, de façon inhérente, téliques et, synchroniquement, il est impossible de trouver des prédicats statifs (adjectifs) indépendants ou des verbes d'activité dont on puisse dériver synchroniquement ces verbes. On citera en (7) quatre de ces derniers qui n'ont pas de formes correspondantes sans *d-*.

(7) *du-γún-/d-́γun-* "mûrir" [v.i.] (cf *d-́squn-* "faire mûrir" [v.c.]) (Berger 1998 III : 179)
du-šór- "fondre (en parlant de la glace)", "devenir lâche", "se morceler", "s'effriter (en parlant du sel)" [v.i.] ; *d-́šur-* "prendre sur, cailler" [v.t.] (Berger 998 III : 397)
du-úy̥ "fondre (en parlant du beurre, de la neige, du sucre)" [v.i.] ; *d-́uy̥-* "fondre" [v.t.] (Berger 1998 III : 461)

Changement de verbes d'activité en verbes résultatifs. Avec les verbes de ce type, la préfixation en *d-* d'un verbe d'activité, souvent transitif, entraîne la formation d'un verbe qui accommode seulement sur le résultat de l'activité, et non sur l'agent ou la cause de l'action ou sur le déroulement de cette activité. Ce processus a pour effet de rendre intransitifs les verbes auxquels il s'applique. On trouvera quelques exemples de ce type de verbes en (8).

(8) *-íl-* "plonger, mouiller" [v.t.] > *di-íl-/di-síl-/di-cíl-* "devenir mouillé" [v.i.] (Berger 1998 III : 212)
-móq- "arracher (des plumes, des cheveux)" [v.t.] > *du-móq-* "tomber (en parlant de plumes, de cheveux)" [v.i.] (Berger 1998 III : 291)
-qhár- "briser, fendre (des objets solides)" [v.t.] > *du-quhár-* "se fendre, s'épanouir" [v.i.] (Berger 1998 III : 353)

Dans ces verbes, c'est la fin du cours de l'événement, c'est-à-dire le résultat, qui est mis en évidence.

Sensation/perception. Plusieurs expressions pour des sensations corporelles et des états mentaux entraînent la présence d'un *d-*. Les locutions pour exprimer les procès "croire, espérer", "respirer", "aller dormir", "être pris de vertige" sont des verbes périphériques formés avec "venir" pour auxiliaire (Lorimer 1935a : 237). Il est clair que le verbe *d∸i-* "tendre quelque chose à quelqu'un" > "percevoir" provient d'une formation causative d'une racine issue de "venir" dans laquelle le pronom préfixé représente, au sens propre, la personne à laquelle on tend quelque chose, et, d'une façon plus large, la personne qui est amenée à éprouver une sensation[8]. Quant au verbe *d∸yal-* "entendre" (et aussi "sentir" en BY [Berger 1998 III : 471]), il pourrait être une variante de la même racine. On verra dans ce développement la conséquence naturelle de la mise en évidence d'un point de délimitation par le préfixe *d-*. Citons à titre d'exemple (9).

(9)	a.	*guté*	*čáɣa*	*úue*	*dóol-yeljan*
		ce	discours	ils	*d*-3p-entendre (non-PONC)-PRÉS.3p

"Ils entendirent ce discours" (Lorimer 1938 : 121)

b. *d-áa-ɣačila*
d-1s-démanger(non-PONC)-PRÉS.3s
"Ça me démange" (Lorimer 1938 : 131)

Les exemples qu'on trouvera en (11) et en (19) intéressent également ce point.

Non-volitionalité. La présence de *d-* est aussi liée à la non-volitionalité. Une paire d'exemples cités par Bashir (1985) sont donnés en (10).

(10)	a.	*da ja*	*leél*	*éča ba*	*da-ɣáš-a ba*
		et moi.ERG	sachant	faire(PRÉS)1s	*d*-1s-rire(PRÉS)1s

"Je le sais et j'en ris." (Lorimer 1935 : 210)

b.	*úue*	*mí-ici*	*ɣasíčai*	*séi ban*
	eux 1p-à	notre endroit	rire(PRÉS)3sHM	direPRÉS)3pHM)

"Ils vont dire : 'il se moque de nous'." (Lorimer 1935 : 210)

---

[8] L'emploi d'une forme causative avec un terme impliquant une action involontaire est bien attesté en bourouchaski, ex. : *je xus áa-t-imi*, moi(ABS) toux 1s-faire(PONC)-PRÉT.3s, "je tousse (involontairement)" (lit. "Ça me fait tousser"), par opposition à *ja xus étam*, moi(ERG) toux faire(PONC)-PRÉT.1s, "j'ai toussé (intentionnellement)" (Bashir, notes prises sur le terrain). On retrouve ce modèle dans des langues avoisinantes, le khowar et le kalach (Bashir 1990), le china (Hook 1990) et le cachmiri (Hook 1986).

En (a), l'emploi de *d-̠ɣas-*, la forme préfixée de “rire”, montre que le sujet est ennuyé d'éclater de rire involontairement, alors que la forme non-préfixée *ɣas-̠* indique que cette personne s'inquiète à la pensée que les gens puissent penser qu'elle rit intentionnellement. Ici la présence du *d-* est liée de façon transparente à la non-agentivité et à la non-volitionalité. Les verbes périphrastiques “éprouver de la colère” offrent le même type d'opposition : *móos d-̠y-* “se mettre en colère (involontairement) (lit. ‘venir à la colère’)” ; *-móos sú-/dusú-* “se mettre en colère, perdre son sang-froid” (lit. ‘amener la colère’, avec un contrôle possible) (11)[9].

(11) a. *a-móos* *díimi*
1s-colère venir(PRÉT)3s
“La colère m'envahit.” (- contrôle)

b. *bése* *gu-móos* *du-súwa*
pourquoi 2s-colère *d*-apporter(PRÉT)2s
“Pourquoi vous êtes-vous mis en colère ?” (un contrôle éventuel est suggéré par l'emploi d'“apporter”, et non de “venir”) (Lorimer 1938 : 150)

c. *i-móos* *súai*
3s-colère apporter(PARF.3sHM)
“Il s'est mis en colère.” (+ contrôle) (Lorimer 1938 : 319)

Point de vue d'après la fin/déplacement déictique du centre. Un troisième type de développement selon l'orientation d'après la fin se manifeste dans un texte ou un discours substantiel. Berger (1998 I : 110) fait état de vingt paires de verbes avec et sans préfixe *d-* pour lesquelles il est difficile, selon lui, de trouver une différence de sens. Quelques verbes, dont il donne la liste et auxquels il convient d'ajouter *chú-* “envoyer” (Berger 1998 III : 79) et *d-óoc-* “envoyer (vers l'endroit où l'on est)” (Berger 1998 III : 125), sont énumérés ci-après (12).

---

9 On peut citer de nombreux croisements linguistiques parallèles. Certains de ceux-ci viennent immédiatement à l'esprit ; tel est le cas des constructions avec un sujet au datif de nombreuses langues indo-aryennes. Ex. ourdou et hindi (*muhje*) *ɣussā ā rahā hai* “je suis envahi par la colère” (lit. ‘la colère vient à moi’), par opposition à *itnā ɣussa na karo* “ne vous mettez pas en colère” (c'est-à-dire ne manifestez pas une telle colère avec implication d'un contrôle éventuel sur celle-ci) ; (*muhje*) *ulṭi ā rahī* “j'ai la nausée” (lit. ‘l'envie de vomir me vient’).

(12)

Verbes sans *d-*	**Traduction**	**Verbes en *d-***	**Traduction**
man-́	"devenir" [v.i.]	*d-́man-/du-mán-*	"naître" [v.i.]
÷squl-	"brûler, rôtir" [v.c.] < *γulú-* "brûler" [v.i.]	*d-́squl-*	"brûler, rôtir, roussir (légumes, etc.)" [v.c.]
- - - - - - - - -	- - - - - - - - - - - - - - - -	- - - - - - - - - - - -	- - - - - - - - - - - - - - - -
sók-	"descendre (de cheval)"	*du-sók-*	descendre [v.i.]
÷-r-	"envoyer (quelqu'un au loin)" [v.t.]	*d÷-r-*	"envoyer (quelqu'un là où on se trouve)" [v.t.]
sú-	"apporter (un objet Y)" [v.t.]	*du-sú-*	"apporter (un objet Y)" [v.t.]
chú-	"envoyer (un objet Y)" [v.t.]	*d-óoc-*	"envoyer (un objet Y)" [v.t.]

Les deux premiers verbes de cette liste relèvent des catégories lexicales ci-dessus citées, c'est-à-dire celles qui comportent une accommodation sur le point de délimitation et le changement de verbe d'activité en verbe résultatif. Les quatre autres paires opposant formes en *d-* et formes sans *d-* sont essentiellement des verbes de mouvement, où le préfixe entraîne un changement de point de vue. Il est intéressant de noter qu'il n'y a pas de passage d'intransitif à transitif. Ces verbes ne peuvent être opposés que dans un contexte donné. Lorimer (1938 : 114) dit clairement, à propos de la paire *÷-r-* "envoyer (vers un endroit excentré)" et *d÷-r-* "envoyer" (vers l'endroit centré"), que *d÷-r-* "envisage l'envoi du point de vue de l'endroit auquel l'envoi est adressé", et donne plusieurs exemples pour illustrer cette analyse, dont (13) et (14) cités par Bashir (1985) :

(13) a. *íise* *kursí-eṭe* *nin* *hurúṭimi*
cette(X) chaise-LOC *n*-aller-NOM_4 s'asseoir-(PRÉT)3s(HM)
"Il s'en vint et s'assit sur la chaise" (Lorimer 1938 : 209)

b. *gílt-uko* *d-áa-uuruša* *báa*
Gilgit.LOC *d*-1s s'asseoir((non-PONC) être(PRÉS.1s)
"J'aime Gilgit." (Lorimer 1938 : 121) (lit. J'ai installé (mon cœur) à Gilgit)

(14) a. *÷-r-* "envoyer (quelque chose au loin)"
íise *γuníikiš* *gúuti-ar* *móo-ru-man*
cette(X) mauvaise cabane d'isolation-DAT HF-envoyer-PRÉT.3p
"Pour l'isoler, ils l'envoyèrent dans cette cabane délabrée." (Lorimer : 1935b : 114. 6)

b. *d--r-* "envoyer quelque chose (vers l'endroit centré)
úune *babá* *d-áa-r-ai*
votre père *d*-1s-envoyer-PARF.3s.HM
"Votre père m'a envoyé (ici, vers vous)" (Lorimer 1935b : 30. 14)

D'autres paires, similaires à celles qu'on vient de proposer, sont données en exemple de (15) à (19). Elles illustrent ce type d'opposition pour les verbes en *d-* qui semblaient jusque-là résister davantage à ce genre d'explication. Il ressort que la contribution de *d-* au marquage du point de vue de la délimitation, quand celui-ci signale un déplacement déictique, est plus difficile à isoler puisqu'il faut tenir compte non seulement de la valeur sémantique intrinsèque du verbe en *d-*, mais également du contexte.

Le texte de Lorimer donne la séquence reproduite en (15), dans laquelle à la fois *sók-* "descendre (de cheval)" et *dusók-* "descendre (de cheval)" sont employés pour une même situation.

(15) a *báadšá* *haɣúr-cum* *sók-imi*
roi cheval-ABL descendre-PRÉT.3sHM
"Le roi descendit de son cheval"

b. *du-sók* *íise* *haɣú-eṭe* *"bismiláa"* *n-e* *húlj-imi*
descendre-NOM_4 ce cheval-LOC Bismillah *n*-faire-NOM_4 monter-PRÉT.3s.H
"Étant descendu, il dit "Bismillah" et monta sur son cheval." (Lorimer 1935b : 6-7)

En (15), l'absence ou la présence de *d-* est liée au point de vue. Dans la première phrase, avec *sók-*, le point de vue porte sur l'origine de l'action, la descente de cheval du roi (c'est-à-dire de l'agent) ; dans le second exemple, le point de vue s'est déplacé vers le lieu, "étant descendu, il est alors monté sur l'autre cheval." S'il faut voir dans l'origine du *d-* un élément déictique, comme le suggèrent toutes les indications à notre disposition, il n'est pas étonnant qu'une de ses fonctions dérivées puisse marquer un déplacement du point de vue déictique dans une narration.

Les exemples (16) et (17) opposent les verbes de même sens *sú-* et *du-sú*, son pendant préfixé en *d-*.

(16) a. *huncéncike* *káa* *jamé[e]n* *su !* *sénimi*
flèches(X) avec arc(Y) apporte(Y)(IMP) dire-PRÉT.3sHM
"'Apporte un arc avec des flèches', dit-il."

b. *huncéncike* *káa* *ja̧mé[e]n* *iné* <u>*du-súmi*</u>
flèches(X) avec arc(Y) lui-ERG apporter-PRÉT.3sHM
"Il apporta un arc avec des flèches."

c. *du-sú-n* *úu* *yáṭe* *tháaŋ-e* *tés̆aṭ-ar* *n-íman*
d-apporter-NOM_4 eux dessus palais-GÉN toit-DAT aller PRÉT.3pHM
"Quand il les eut apportés, ils se rendirent sur le toit du palais." (Tikkanen 1991 : 72)

Dans l'exemple (16) ci-dessus, *su-*, la forme sans *d-*, se présente avec l'impératif accommodant sur l'action à accomplir par l'allocutaire (l'agent), alors que, dans la deuxième phrase, c'est le point de vue de celui qui reçoit l'arc et les flèches qui est concerné. On retrouve une opposition similaire en (17).

(17) a. *káman* *akhúruman* *báṭiŋ* <u>*su*</u> *!*
un peu autant que cela farine apporte(IMP)
"(Et) apporte juste un peu de farine." (Tikkanen 1991 : 72)

b. *sénasar,* *isé* *haldén* *khaš ne,* *ékine* *čurúk-an* *ésu-an*
dire-NOM_5-DAT la chèvre égorger-NOM_4 foie-GÉN un morceau un rognon
káman *báṭiŋ* <u>*dusún*</u>*...*
un peu farine *d*-apporter-NOM_4
"À cette parole, après avoir égorgé la chèvre et apporté un morceau de foie, un rognon et de la farine... (lit. 'ayant apporté')". (Tikkanen 1991 : 96)

On trouve dans la première phrase, à l'impératif (agent/accomodation sur l'activité), le verbe non-préfixé "apporter (Y obj.)", tandis que, dans la seconde, on note le verbe préfixé *du-sú-* au nominal IV, ce qui a pour effet d'accommoder sur le point de délimitation de l'endroit des objets arrivés à leur destination.

Berger (1974 : 10-11) considère que, dans les phrases notées en (18) et extraites de l'un de ses textes, on a affaire à une situation où il n'y a pas de différence de sens claire entre *su-* "apporter (Y obj.)" et *du-sú-* "apporter (Y obj.)". Dans ce cas, il n'y a pas également de différence de temps ou d'aspect entre les deux verbes en question.

(18) *n-uúruṭ-inin* *áar* *mamú* *súman* *maltáṣ* *du-súman*
n-s'asseoir-NOM_4 moi-DAT lait apporter-PRÉT.3p beurre apporter-PRÈT.3p
úlo *buáik* *ke* *bim*
dedans vaches et être-PASS.3p.X
"Quand je me fus assis là, ils apportèrent du lait, ils m'apportèrent du beurre et là il y avait des vaches." (Berger 1998 : 10-11, Texte 3, §20)

Je suggère que nous avons ici affaire au même déplacement de point de vue. L'accommodation sur l'agent fait place au point de vue du destinataire. Dans ce cas, cela aurait pour effet de mettre en relief la réaction du locuteur, à la suite du traitement spécial dont il est l'objet.

du-sú- "apporter" apparaît souvent dans des expressions marquant un état mental (v. aussi ci-dessus 1.4). L'opposition entre les deux phrases données en (19) est, à cet égard, éclairante.

(19) a.	*guté*	*bár-ar*	*daq*	*du-súyam*
	ce	sujet-DAT	croyance	*d*-apporter-PRÉT.1s

"Je crois à cela." (Lorimer 1935a : 236)

b.	*jáa-ce*	*daq*	*sú-čaman-a*	*be*
	moi-ABL	croyance	apporter-PRÉS.2a-Q	NÉG

"Me crois-tu ou pas ?" (Lorimer 1935a : 236)

Ici, la présence et l'absence du *d-* sont liées respectivement à une affirmation à la première personne et au passé ainsi qu'à une interrogation à la deuxième personne à un temps non révolu. Si le *d-* encode une accommodation sur un point de délimitation terminal, nous pouvons nous attendre à une telle corrélation en fonction de l'aspect/temps, du mode et même, éventuellement, de la personne.

En (20) ci-dessous, il faut voir une opposition entre le verbe *d-óoc-uman* "faire prendre quelque chose à quelqu'un > envoyer à quelqu'un", qui accommode sur le point de délimitation terminal, et le verbe *chúin* "prenez !". Le déplacement de la forme en *d-* *d∸-cú-* à la forme sans *d-* *chú-* est fonction du déplacement du point de vue visant un actant affecté ou un but vers un point de vue visant un agent (il est intéressant de noter, à cet égard, l'emploi de l'impératif).

(20)	*qaríib*	*yaaní*	*áltarkuc-an*	*gucháras-ar*	*altán-an*
	approximativement	c'est-à-dire	vingt jours	se déplacer-INF-DAT	deux
	juwáayo	*yar*	*ne*	*qhabár*	*d-óocuman*
	jeunes hommes	en avant	*n*-faire-NOM$_4$	nouvelles	*d*-3p-prendre-PRÉT.3p
	ma				
	vous				
	haγúr cho no,	*ma yar*	*na-máan-n*	*babáalar*	*qhabár*
	cheval ?	vous en avant	*n*-être.1p-NOM$_4$	père-DAT	nouvelles
	chúin				
	prendre(IMPp)				

"Après avoir voyagé durant vingt jours, ils envoyèrent en avant deux jeunes gens pour donner de leurs nouvelles (lit. faisant (aller) deux jeunes en avant, ils leur firent prendre (les) nouvelles [en les dirigeant vers une destination particulière]). En faisant galoper votre cheval, allez en avant et apportez des nouvelles à notre père (lit. prenez les nouvelles)." (Tikkanen 1991 : 86)

2. FONDEMENT CONCEPTUEL DE LA PRÉSENTE ÉTUDE

Dans Bashir (1985), j'ai trouvé, en m'appuyant sur le décompte des mots et des exemples pris en contexte, que le préfixe *d-* a pour fonction de distinguer un procès verbal orienté vers le résultat, d'un procès verbal orienté vers l'agent. La présente étude vise à lier l'analyse de Bashir (1985) à une hypothèse sur l'origine du préfixe *d-*, en recourant aux développements récents des études portant sur la typologie et la grammaticisation[10], particulièrement celles qui se sont intéressées aux vues de la linguistique cognitive. Selon l'hypothèse que l'on retiendra, le *d-* tire son origine d'un élément déictique dont le sens inhérent désigne l'endroit où l'on se tient, comme on peut le voir avec le verbe "venir", alors que l'élément *n-* (partiellement) complémentaire tire son origine d'une forme déictique désignant un endroit excentré, comme on peut le voir avec le verbe "aller"[11]. Le travail de Bashir (1985) a permis à cette hypothèse de prendre forme. Celle-ci se fonde sur l'idée de schéma événementiel développée par DeLancey (v. surtout 1985a), qui propose une étude du verbe composé en hindi et en ourdou ainsi que les cheminements de la grammaticisation dans les verbes de mouvement, et particulièrement de "venir". Je m'efforcerai de montrer ici que la sémantique des verbes en *d-* aussi bien que leurs fonctions discursives sont cohérentes avec la reconstitution historique, telle que proposée. Dans l'examen de cette hypothèse, on envisagera : (a) la littérature sur l'étude de la deixis en fonction du point de vue et de la force d'évidence ; (b) les modèles de grammaticisation attestés par croisement linguistique ; (c) l'évidence interne en bourouchaski.

2.1. Considérations théoriques et typologiques

2.1.1. Schéma événementiel

DeLancey (1981, 1985a, 1985b, 1986, 1990) a développé et appliqué un modèle cognitif de schéma événementiel basé sur une extension métaphorique d'un schéma événementiel du mouvement que j'ai trouvé particulièrement efficace pour

---

10 Le terme de grammaticisation est beaucoup moins employé en français que le terme de grammaticalisation. Cependant c'est celui qui a été retenu, dans cet article, conformément au désir de son auteur, car il exprime plus clairement le sens qu'on lui prête : le développement d'un élément lexical en marqueur grammatical.

11 Tikkanen (I999a), qui cite aussi Morgenstieme (1945) mentionné ci-dessus, se trouve suivre parallèlement la même ligne de pensée. Ce n'est qu'après avoir écrit cette étude que j'ai eu l'occasion de lire le travail de Tikkanen (I999b) sur les préfixes *d-* et *n-*. Ses conclusions coïncident partiellement avec les miennes, mais le développement conceptuel de Tikkanen (1999b) et celui du présent article sont tout à fait indépendants.

éclairer bien des aspects de la sémantique du verbe. Dans ce modèle, on peut présenter un mouvement physique prototypique sous la forme d'un vecteur partant d'une SOURCE pour aboutir à un BUT.

SOURCE ------------> MOUVEMENT -------------> BUT

Une analogie structurelle permet de donner une très large extension à ce schéma événementiel par le truchement d'une métaphore de base “TEMPS = ESPACE”. Comme les événements de mouvement, il est possible de représenter d'autres événements ou actions par des vecteurs spatio-temporels qui commencent à un point de l'espace-temps et se terminent à un autre (DeLancey 1981 ; 633). Le modèle de DeLancey fondé sur la cognitivité traite un événement comme un vecteur comportant deux points, qu'on peut considérer de la façon la plus large possible comme le point d'ORIGINE et comme le point de TERMINAISON (DeLancey 1985a :47). Ce schéma général sous-tend diverses manifestations particulières, qui dépendent de la sémantique lexicale du verbe en cause et de l'accommodation sur les entités (c'est-à-dire les arguments nominaux), dans une situation donnée ; ou bien sur les étapes temporelles séquentielles d'une situation. Ainsi les points d'ORIGINE et de TERMINAISON du vecteur peuvent s'associer aux concepts d'AGENT et de PATIENT, de SOURCE et de BUT ou de CAUSE et de RÉSULTAT[12]. Quelques-unes de ces interprétations sont résumées comme suit :

ORIGINE ------------->	ÉVÉNEMENT ----->	TERMINAISON
Source spatiale	Mouvement	But
Agent	Action	Patient
Cause	Événement	Résultat
Acte d'intention ou de volition	Action	Résultat
Début temporel (commencement)	Événement/procès	État résultant

Dans cette analyse, alors que le cours naturel de l'attention (non marqué) va de sa source au but, de son origine à sa terminaison, le cours de l'attention dans la direction opposée, c'est-à-dire de la terminaison à l'origine, est marqué (DeLancey 1981). Aussi l'apparition d'un marqueur clair du point de délimitation (le préfixe *d-* du bourouchaski, par exemple), est-elle, conformément à mon argumentation, requise. C'est pour la même raison que VENIR, qui accommode sur le point terminal, représente le membre marqué de la paire déictique verbale VENIR-ALLER. D'autres chercheurs, Gathercole (1977 : 92) par exemple, ont également montré que, des deux verbes de base de mouvement VENIR et ALLER, ALLER représente le membre non

12 V. également DeLancey (1982 : 172).

marqué. Cela revient à dire que l'opposition entre VENIR et ALLER en est une privative avec VENIR comme l'élément marqué de la paire. Wilkins et Hill (1995) notent que, dans certaines langues, ALLER n'a pas de valeur déictique spécifiée de façon inhérente, mais qu'il acquiert le sens d'un déictique référant à un endroit excentré grâce à son opposition à VENIR, qui est, lui, spécifié de façon inhérente.

2.1.2. Deixis et point de vue

Radden (1994) propose une analyse de la sémantique des verbes déictiques VENIR et ALLER. "Venir", "arriver", "atteindre", "apporter" accommodent de façon inhérente sur la fin (terminaison/but) d'un vecteur indicateur de mouvement, alors qu'"aller", "laisser", "partir", "emporter" accommodent sur le terme de la source. Cela peut être schématisé comme suit :

--------- **PPPPPPPPPP>** **BUT** "venir"

SOURCE **PPPPPPPPPP -------->** "aller"

Cette mise au point entre la SOURCE et le BUT entraîne un déplacement vers des sens plus larges, tout en préservant la direction, l'orientation déictique ou l'origine par rapport au point de vue de délimitation ou à la perspective. Radden rend compte de l'usage des verbes déictiques de mouvement, en décrivant des situations non déictiques et, pour ce faire, recourt à la notion de Lindner d'"un foyer interactif d'une zone déterminée par le point de vue" ; en d'autres mots, il s'agit de l'intersection de l'observateur et du vecteur événementiel, dans le sens large du terme, tel que développé ci-dessus. Ainsi, dans mon analyse, les verbes en *d-* du bourouchaski encodent des situations dans lesquels le foyer de l'observateur se croise avec le point terminal du vecteur événementiel, et ce, quel que soit le sens élargi qu'il convient de lui donner. Le diagramme suivant permet d'illustrer cela :

--------- **PPPPPPPPPP>** **TERMINUS** <------ ☺ observateur

Un tel schéma illustre bien l'élimination du point extrême de la SOURCE du vecteur dans la conscience immédiate de l'observateur. Par exemple, l'élimination de l'AGENT peut entraîner l'accommodation sur le patient ou l'intransitivité. L'élimination (c'est-à-dire la perte de conscience) d'une cause ou d'un acte de volition peut entraîner la perception d'une action involontaire ou produite par inadvertance, aussi bien qu'un résultat inattendu.

2.1.3. Effets de la grammaticisation de "VENIR"

La tendance à grammaticiser les verbes de mouvement en recourant à des prépositions, des postpositions, des marqueurs de temps/aspect fait l'objet d'une recherche et d'une documentation considérables ; on trouve, d'ailleurs, des attestations nombreuses et variées de leur grammaticisation dans bien des langues du monde. On présentera quelques exemples des effets de la grammaticisation de VENIR par croisement linguistique, car ils intéressent la discussion sur le groupe de fonctions sémantiques dégagées pour le préfixe *d-* en bourouchaski. Les exemples cités illustrent la portée des développements de la zone de VENIR, sans prétendre pour autant à l'exhaustivité.

Point de vue/indication d'un centre déictique (vénitif). Quand on l'emploie, dans une construction verbale composée de l'hindi ou de l'ourdou, comme élément fini en deuxième position, le "verbe vecteur" *ā-* "venir" ajoute des significations variées au principal verbe lexical. La plus courante est clairement la composante directionnelle, dont la valeur est illustrée dans les exemples donnés en (21).

(21) a. *woh pahāṛ par čaṛh āyā*
il montagne sur monter venir(PERF)
"Il est monté sur la colline (l'observateur est au sommet)." (Sinha 1972 : 353)

b. *woh pahāṛ par čaṛh gāyā*
il montagne sur monter aller(PERF)
"Il est monté sur la colline (l'observateur est au pied de la colline). Sinha (Sinha 1972 : 353)

Les phrases proposées en (22) offrent un exemple parallèle emprunté au tibétain.

(22) a. *kho bros(-byas) yongs-pa red*
il s'enfuit(non-final) venir-PARF
"Il s'enfuit ici (ou vers le centre déictique)." (DeLancey 1991 : 6)

b. *kho bros(-byas) phyin-pa red*
il s'enfuit(non-final) aller-PARF
"Il est parti (dans une autre direction qu'ici), il s'en est allé." (De Lancey 1991 : 6)

Futur. Dans l'échantillon de langues analysées par Bybee, Perkins et Pagliuca (1994 : 267), dix marqueurs de futur grammaticisé dérivés sur des thèmes de mouvement proviennent d'ALLER et dix de VENIR. Quelques langues possèdent des marqueurs de futur issus aussi bien d'ALLER que de VENIR ; ex. : duala [bantou ; Cameroun], lotuko [nilotique de l'Est ; Soudan], langues krou de l'Ouest [kwa ; Libéria et Côte d'Ivoire] ainsi que margi [tchadique de l'Est ; Tchad] (Émanation 1992 : 16). Le tchagga [bantou de l'Est ; Tanzanie] est une langue du même type ; Emanation (1992 : 17) note à son sujet que le futur en *-che* (< *icha* "venir de") "comporte une nuance de hasard que *-nde* (< *ienda* "aller") n'offre pas." La pertinence de ce point pour notre sujet repose sur ce que la "nuance de hasard" suggère qu'une spécification [- SOURCE], dans le sens du schéma événementiel de DeLancey, se développe à partir de cette forme grammaticale. Le concept de déplacement du centre déictique explique comment ALLER et VENIR peuvent devenir des marqueurs de futur. Avec un futur en ALLER, le centre déictique se situe au moment de l'acte de parole et le vecteur temporel part du centre déictique. Avec un futur en VENIR, la perspective du locuteur (c'est-à-dire du centre déictique) se déplace vers un point qui se situe après le discours ; ainsi, le vecteur temporel s'oriente dans la direction du locuteur (Emanation 1992).

ALLER futur : acte de parole/centre déictique --->

VENIR futur : acte de parole --> changement de perspective/centre déictique

Passé. Dans certaines langues d'Afrique, VENIR constitue une source commune des marqueurs de passé. En téso (nilotique de l'est) *-buí-potu-* "venir" est devenu un marqueur de passé et en jiddou, un dialecte somalien, le passé est formé à partir d'une forme cliticisée de *-ooku* "venir" (Heine et Reh 1984 : 129).

Inceptif. Les constructions inceptives de l'anglais avec le verbe VENIR grammaticisé, comme "come about" "se produire", "come to be" "être sur le point de", "come + un verbe", tel que "come to realize" "en venir à comprendre", "come to appreciate" "en arriver à apprécier", sont représentatives d'un développement vivant. Foley et Van Valin, (1984) citent des exemples de verbes de mouvement qui ont pour fonction de marquer une phase dans le procès verbal ; le yorouba, par exemple, emploie à la fois "venir" et "aller" pour marquer l'entrée dans une étape (Foley et

Van Valin 1984 : 211, qui citent Bamgbose 1974). “Aller” marque couramment l'inceptif (23), alors que “venir” marque le début abrupt d'une action (24).[13]

(23) *óh sùn lọ̥*
3sg dormir aller
“Il s'est endormi.” (Foley et Van Valin 1984 : 211)

(24) *ọ̥mọ̥ náà ké wá*
enfant le pleurer venir
“Soudain l'enfant s'est mis à pleurer.” (Foley et Van Valin 1984 : 211)

On trouvera dans Soe (1994) une discussion des auxiliaires déictiques sur le birman, c'est-à-dire *swà* “aller” et *la* “venir”. *La* “venir” et *swà* “aller” fonctionnent synchroniquement à la fois comme des verbes autonomes et comme des auxiliaires déictiques ; le degré de leur métaphorisation dépend de leur interaction sémantique avec diverses catégories de verbes. *Swà* “aller” a développé une valeur perfective à partir du sens qu'il comporte : le départ d'un centre déictique. *La* “venir”, de son côté, a développé le sens ponctuel d'inceptif, comme il ressort de (25) :

(25) *su mè la pri*
il demander venir PONC
“Il se met à s'informer (sur un sujet délicat, par exemple sur quelque chose oublié depuis longtemps.” (Soe 1994 : 128)

Le point pertinent qui intéresse la présente discussion sur le *d-* du bourouchaski repose sur le fait que ces deux verbes fonctionnent de façon différente, soit avec leur pleine signification de verbes autonomes, soit avec un sens lexicalisé.

Progression vers l'achèvement. On verra, dans la progression vers l'achèvement, la phase événementielle qui précède ou qui suit le début du procès (selon que l'événement est considéré du point de vue de son terme ou de son origine). Ainsi, il n'y a pas lieu de se surprendre si le même morphème peut indiquer aussi

---

[13] En géorgien, le morphème *-d-* qui suit immédiatement la racine de nombreux verbes intransitifs a été analysé comme la marque de passif d'une certaine classe de verbes actifs. Holisky (1983) avance, toutefois, que l'affixe *-d-* encode la catégorie sémantique de l'inceptif. Elle fonde son analyse sémantique en postulant un prédicat COME ABOUT “se produire” (entrer dans un nouvel état instantanément). “Ce qui unifie tous les verbes du type doni est la structure sémantique COME ABOUT [S]”. La pertinence des données du géorgien pour notre discussion repose ici sur la représentation de catégories perçues comme “passives” et inceptives au moyen d'une simple forme, ainsi que sur la notion unificatrice du prédicat sémantique COME ABOUT.

bien le début d'un procès que sa progression vers son achèvement ; cela dépend de la valeur sémantique du verbe principal. Avec des événements conçus comme comportant un procès graduel, le birman *la* "venir" marque la progression vers l'achèvement, à partir de son sens de base : "mouvement vers un centre déictique" (26).

(26) *ra-si ?è* *la* *tay*
temps froid venir RÉEL
"Le temps se met au froid." (Soe 1994 : 130)

L'ourdou et l'hindi (deux langues indo-aryennes) offrent un développement du même ordre étroitement lié à l'idée de progression vers l'achèvement. Dans ce cas, VENIR a pour fonction d'indiquer la progression à partir d'un point temporel vers un centre déictique. Par exemple, un parfait présent progressif est formé du participe imperfectif du verbe de base auquel s'ajoute le présent progressif de *ā-* "venir" (27). Ce procédé s'oppose à l'emploi de *jā-* "aller" dans une forme aspecto-temporelle similaire, qui exprime l'action continue, qu'elle trouve son origine dans un point déictique (28) ou qu'elle neutralise ce point de vue.

(27) *woh* *do sāl* *se* *kartā* *ā rahā hai*
lui deux ans de faire(IMPERF) venir(PRÉS PROGR)-3s
"Le temps se met au froid."

(28) *tum* *bolte* *jā* *mãĩ* *likhti*
vous parler(IMPERF PTP-OBL) ALLER-IMP moi écrire (IMPERF PTP.s)
jāū~gi
aller(1s.FUT.f)
"Vous parlez et j'écrirai (lit. Vous êtes en train de parler et je serai en train d'écrire [à partir de maintenant]. Par exemple, quand quelqu'un dicte une liste ou une série de nombres à une autre personne, qui la note)."

Parfait. Il est attesté que le verbe VENIR peut être amené à jouer le rôle d'un marqueur de parfait, une catégorie qui comporte de façon inhérente un point de vue (post-)terminal. DeLancey (1981 : 647) fournit l'exemple suivant (29) emprunté au thai, où *maa* (< VENIR) est un marqueur de parfait.

(29) *khāw* *làp* *maa* *hâa* *chûamonŋ* *lÈEw*
lui dormir PARF cinq heures PERF
"Il a dormi cinq heures durant [maintenant]."

Marqueur inverse. Dans plusieurs langues du groupe kouki-chin (tibéto-birman), le verbe de mouvement *hoπ* “venir” s'est complètement ou partiellement grammaticisé en déictique pour marquer l'endroit où l'on est (cislocatif), en se préfixant aux verbes de mouvement. Dans quelques-unes de ces langues (on en trouvera plusieurs exemples chez DeLancey 1997a), ce morphème a aussi développé un système de marquage inverse, dans lequel sont facultativement marquées les configurations transitives où un participant à l'acte de parole apparaît dans un rôle qui n'est pas naturel d'un point de vue pragmatique, c'est-à-dire quand il faut voir dans un participant à la première ou deuxième personne un but ou un objet (30).

(30) *hoþs:t* *thʌ'i* *lʌ'i*
CIS battre toujours Q
“Est-ce qu'ils vous battent toujours ?” (DeLancey 1997a : 7, exemple tiré de Stern 1984 : 52, 56)

DeLancey interprète ce phénomène et d'autres similaires en montrant qu'il existe une situation naturelle et non marquée telle que les participants à l'acte de parole (actants à la première ou deuxième personne) représentent le plus souvent des agents plutôt que des patients ou des buts. Aussi peut-on s'attendre typologiquement à ce que ces actants prennent un marquage, quand un rôle non-agentif leur est dévolu.

DeLancey note aussi en dravidien un système de marquage inverse, semblable à celui qui a été décrit pour les langues du groupe kouki-chin. Ce système, note-t-il, “semble avoir la même origine cislocative que la construction du chin” (1997a : 8). Il traite du morphème -d, la “base spéciale” (BS) selon la terminologie de Burrow et de Bhattacharya (1970), qui est employé “lorsque l'objet direct ou indirect est à la première ou deuxième personne” sans égard à la personne du sujet (Burrow et de Bhattacharya 1970 :70, cité par DeLancey 1977a : 8). On trouvera en (31) et (32) des exemples adéquats.

(31) huR-d -av -at -an
voir-BS -NÉG -PSS -3ms
“Il n'a pas vu (moi ou nous)” (tiré de Stern 1984 : 52, 56)

(32) kaal noo -d -na -t
jambe faire mal -BS -IMPERF -3sf
“La jambe me fait mal.”

Emeneau (1945 : 199) reconstitue, pour le proto-dravidien, un état avec deux verbes l'un pour “venir” et l'autre pour “donner”. “Il s'ensuit, remarque-t-il, que, en proto-dravidien, les verbes *va- (“venir”) et *ta- (“donner”), comme tout autre verbe, présentent respectivement deux conjugaisons complètes déterminées par la personne de l'objet (indirect dans le cas de ces deux verbes) ; ainsi on oppose "venir" (avec objet à la première ou à la deuxième personne) à "venir" (avec objet à la troisième personne), tout comme l'on oppose "donner" (avec objet à la première ou à la deuxième personne) à "donner" (avec objet à la troisième personne)[14].

Marqueurs non-directionnels. Dans quelques langues, VENIR est devenu un marqueur non-directionnel (inférentiel). Dans le tibétain de Lhassa, certains auxiliaires, qui fonctionnent dans un système fondé sur le caractère d'évidence, sont issus de verbes de mouvement déictiques. Byu^, qui remonte étymologiquement à une forme perfective d'un verbe signifiant "arriver, apparaître, se manifester", marque la première personne des non-volitifs et porte indirectement un caractère d'évidence (DeLancey 1986 : 211). En revanche, so^, qui remonte étymologiquement à une forme d'"aller", porte directement ce caractère.

Admiratif. Selon le modèle de DeLancey, la valeur admirative, qui s'attache à une information récemment apprise ou surprenante, offre un autre développement possible d'une deixis référant à l'endroit centré, et donc à VENIR. C'est ce qui est attesté pour le japonais ancien. Shinzato (1991) compare, du point de vue de la fonction d'évidence, les vieux auxiliaires japonais, ki et keri, avec ceux du turc di et miş. La différence entre ki et keri a été décrite de diverses façons comme celle que l'on voit entre "des événements dont on a été témoin et des événements rapportés", entre "une expérience directe et un ouï-dire" (Shinzato 1991 :35). Keri est aussi utilisé comme marqueur de surprise, d'un événement soudain ou comme exclamatif (Shinzato 1991 : 37), c'est-à-dire avec la fonction que l'on vient d'identifier sous le terme d'admiratif (DeLancey 1997b). L'étymologie de keri n'est pas certaine, mais certains chercheurs (ex. : Hojo 1964, cité dans Shinzato [1991 : 46]), l'analysent comme un élément composé d'une forme attributive du verbe ku "venir" et d'ari "être". Cette analyse partagée par Esperanza Rasmussen-Christensen (courriel daté du 11 Juin 2000), qui fait remarquer que keri était noté en manyogana avec les notations de ku "venir" et d'ari "être". Ce qui est important pour la présente étude c'est de noter que l'admiratif est la conséquence de l'intersection du point final d'un vecteur avec l'observateur. En japonais ancien, l'inférentiel et l'admiratif sont des

---

[14] Dans cette optique, on notera la forme BN *d-a-čí-* "me donner" (Lorimer 1938 : 97, 105). Il est possible que "donner" ait été autrefois un verbe en *d-*, formé du préfixe *d-* et du thème "donner". Berger (1998 I : 92) examine cette forme et considère qu'il s'agit d'une dissimilation à partir de **ja-chi*. Quoi qu'il en soit, DONNER est orienté de façon inhérente vers le récipiendaire ; toutefois l'autre explication reste plausible.

fonctions qui marquent la fin d'un événement encodé grâce à une grammaticisation de VENIR[15].

Si l'on considère que le d- du bourouchaski s'est développé à partir d'un élément déictique référant à l'endroit centré, on devrait s'attendre à ce que les verbes en d- tendissent à apparaître dans des contextes à valeur admirative. Je n'ai pas cependant trouvé de cas où associer des verbes en d- avec des contextes typiquement admiratifs. Par exemple, (33) fait état d'une situation typique qui, dans certaines langues, exigerait l'emploi de l'admiratif, sans qu'il y ait pour autant de verbe en d-.

(33)	*étcum*	*yárpa*	*níasar,*	*haγúr*	*dárculo*	*gur*
	là-ABL	en avant	aller-NOM_5-DAT	cheval	aire de battage-LOC	blé
	baríčam					
	ils sont en train de battre					

"Quand il s'avança, il vit que les chevaux battaient le blé sur l'aire de battage." (Tikkanen 1991 : 104)

Lorimer (1935a : 315-16) présente un série d'exemples comportant la découverte d'une information surprenante ou récente. On citera, à titre d'exemple (34) :

(34)	*huyés*	*kaš éči*	*ke*	*han yálmunan*	*apím*
	chèvre	égorger(PRÉS).3s	quand	une côte	NÉG-était

"Quand il égorgea la chèvre, (il vit) qu'une côte manquait." (Lorimer 1935a : 316)

De nouveau, dans ce dernier exemple, nous ne trouvons pas de verbe en d-, ce qui laisse la question ouverte et invite à explorer comment la valeur admirative s'exprime en bourouchaski.

2.1.4. Interprétation des effets de la grammaticisation

Pour la linguistique cognitive, les catégories classiques, définies en termes de conditions nécessaires et suffisantes, ne s'appliquent pas efficacement à de nombreux phénomènes linguistiques, dont la grammaticisation. D'importants ouvrages recourent à de nouvelles approches sur la catégorisation, tels les concepts de "catégorie de

[15] Hook (1974 : 22) examine l'emploi de *ā-* "venir" en hindi considéré comme l'élément vectoriel dans les verbes composés. Il cite Guru (1962 : 318), qui note que *ā-* "venir" peut être également utilisé avec les verbes "parler", "pleurer" et "rire" avec le même sens que *uṭh-* "survenir", c'est-à-dire avec la valeur d'un début de procès soudain ou inattendu. Il se peut que les exemples de Guru soient archaïques, mais ses commentaires valent pour une certaine étape diachronique de l'hindi. De même l'exemple (24), donné ci-dessus, oppose l'inceptif non marqué issu d'ALLER à la valeur d'inceptif soudain, portée par la forme qui s'est développée à partir de VENIR.

à de nouvelles approches sur la catégorisation, tels les concepts de "catégorie de ressemblance de famille", qui tirent leur origine de l'œuvre de Wittgenstein, dont une des instanciations consiste en une chaîne de grammaticisation (Heine 1993) ; on mentionnera également la catégorie structurée de façon radiale (Lakoff 1987).

Les caractéristiques d'une catégorie de ressemblance de famille sont les suivantes : (1) il n'y a pas d'attribut partagé par tous les membres d'une même famille ; (2) aucun membre ne combine tous les attributs définitoires de la famille à partir de la source commune de la catégorie (Heine 1993 : 114). Les chaînes de grammaticisation, c'est-à-dire les ensembles de formes, dans une langue, qui remontent à une source commune, mais qui ont développé divers statuts et/ou diverses valeurs morphosyntactiques, peuvent ainsi se décrire comme des catégories caractérisées par une ressemblance familiale de type linéaire, et doivent posséder la propriété de ne pas partager, à l'exception de leur forme commune, avec tous les autres membres de la chaîne, quelque attribut que ce soit ; et d'ailleurs, aucun d'entre ceux-ci ne peut combiner tous les attributs identifiés de la chaîne. Toutefois, les membres appartenant à une chaîne de grammaticisation peuvent avoir à la fois des relations synchroniques et diachroniques. On a de nombreux exemples de chaîne de grammaticisation. Il n'est que d'examiner les cas d'ALLER et de VENIR en anglais qui, à côté de l'emploi de ces verbes "aller" et "venir" avec leur valeur lexicale, connaissent parallèlement des développements grammaticisés du type "come to V" "en venir à V", comme dans la phrase suivante : "He came to realize that this solution was wrong" ("il en vint à comprendre que cette solution était erronée"). Il en va de même avec l'expression "going to" > "gonna" avec une valeur de futur ; ex. : "I'm gonna to buy it tomorrow" ("je vais l'acheter demain"). En tibétain moderne, on trouve un groupe de "verbes versatiles", c'est-à-dire des verbes employés soit avec leur pleine valeur lexicale ou comme des éléments grammaticisés (DeLancey 1991 : 6). Le verbe de l'ewe (Niger-Congo, Ghana) vá subit ce que Heine et Reh (1984 : 58) nomment la "cassure personnelle", car cette langue a maintenu en même temps un verbe vá avec pleine valeur lexicale et une forme grammaticisée, érodée phonologiquement, -á-, qui est employée comme marqueur de futur. De même, en so, une langue kouliak parlée dans l'Est de l'Ouganda, le verbe ac "venir" a gardé son sens originel de verbe déictique, tout en se grammaticisant sous la forme a, comme marqueur de futur. L'exemple (35) illustre cette double fonction en so.

(35) a. *á-ísa-tí* *ír*
FUT-I-have house
"J'aurai une maison" (Heine et Reh 1984 : 142) (FUT < VENIR)

b. *bús-ac* — *bus-u*
se déplacer-VÉNITIF — se déplacer-ANDATIF
"Viens" (*-ac* "venir") — "va-t'en" (Heine et Reh 1984 : 142)

Le concept de "catégorie radiale" (Lakoff 1987) introduit la dimension conceptuelle, qui vient s'ajouter, de prototype ou de membre d'une catégorie centrale. On considérera comme une catégorie structurée du point de vue radial toute catégorie comportant "un cas central ainsi que des variations qu'on a convenu de lui appliquer et qui ne peuvent être déterminées par des règles générales... (Elles) doivent être apprises." (Lakoff 1987 : 84)

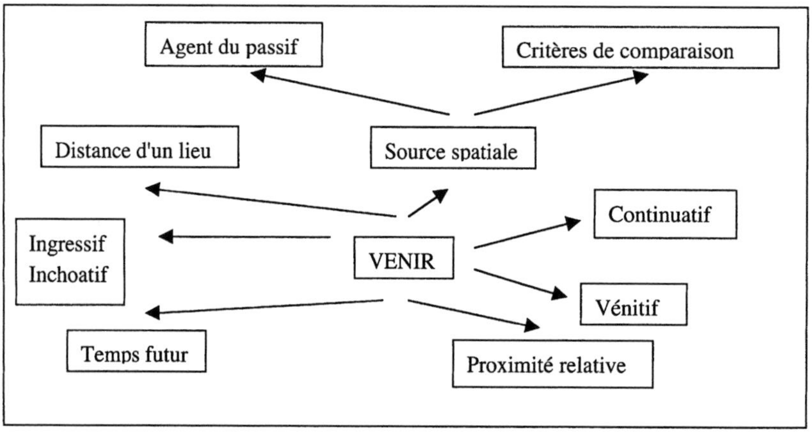

Figure 1. Effets de la grammaticisation de VENIR par croisement linguistique (Lichtenberk 1991 : 490)

Lichtenberk (1991) discute de l'hétéronomie – c'est-à-dire des "cas où... au minimum deux valeurs ou fonctions, qui sont historiquement reliées (ce qui revient à dire qu'elle dérivent d'une même source), sont sous-tendues par des effets de l'élément commun à cette source, qui relève de différentes catégories morpho-syntaxiques" (1991 : 476), et par des effets de diverses conséquences de la grammaticisation attestés par croisement linguistique pour VENIR. Dans sa discussion, il insiste sur le fait que celles-ci peuvent toutes être dérivées des propriétés suivantes du verbe VENIR : (I) direction du mouvement vers le centre déictique ; (II) localisation du mouvement à un point excentré (c'est-à-dire éloigné du centre déictique) ; (III) la nature télique de la situation (Lichtenberk 1991 : 481). Les principaux groupes de formes grammaticisées étudiées par Lichtenberk (1991, *passim*) sont : les directionnels vénitifs, les marqueurs de continuation, les marqueurs de distance d'un centre déictique, les marqueurs d'une SOURCE spatiale, les marqueurs d'agent ou de passif, les marqueurs d'ingressif (entrée dans une action) ou d'inchoatif (entrée dans un état), la référence au futur et les marqueurs de relative proximité au centre déictique. Lichtenberk schématise les effets de la grammaticisation pour les formes de VENIR, qu'il décrit selon un modèle radial de catégorie, illustré ci-dessus à la figure 1.

La figure 2 propose une schématisation des relations entre les effets attestés par croisement linguistique de la grammaticisation de VENIR, illustrées ci-dessous comme un espace sémantique configuré selon le principe de radialité :

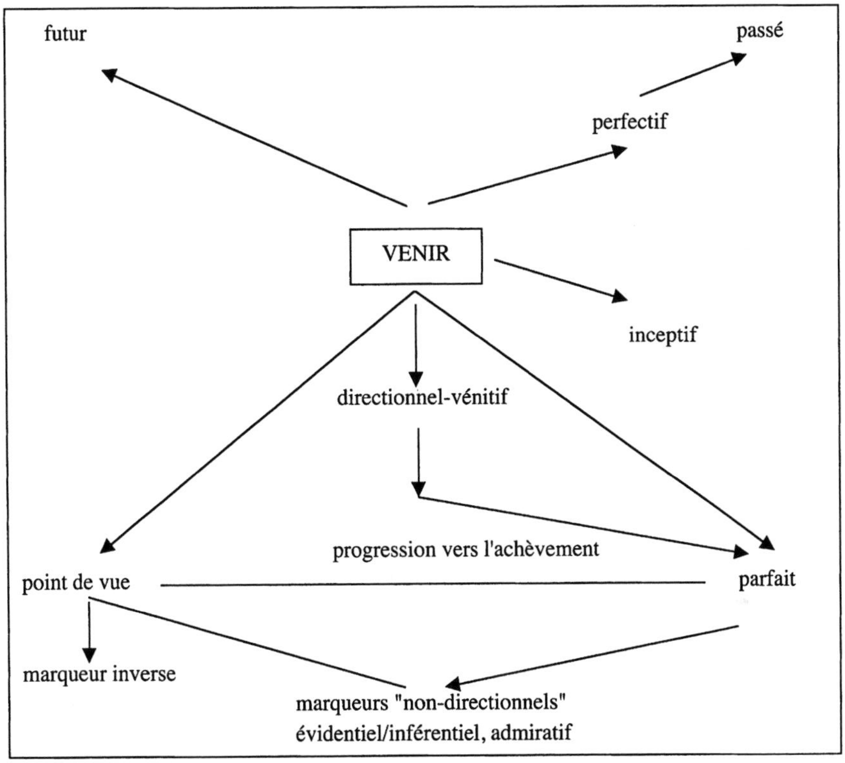

Figure 2. Effets de la grammaticisation par croisement linguistique de VENIR, mentionnés dans le présent travail.

L'ensemble des effets de la grammaticisation du *d-* du bourouchaski diffère de l'ensemble des effets de la grammaticisation par croisement linguistique de VENIR, tels que présentés dans les figures 1 et 2, en ce qu'il ne comprend que les effets provenant *d'une seule source dans une seule langue.* Il comprend à la fois des éléments qui sont des entités morphosyntaxiques (préfixe, verbe) et des éléments produits par des développements sémantiques spécifiques (non-volitionalité, inceptif). Si nous postulons une seule origine pour le préfixe *d-*, qui serait un élément déictique référant à l'endroit centré, et si nous considérons les fonctions synchroniques des verbes synchroniques en *d-* comme l'ensemble des effets d'une chaîne de grammaticisation, on peut s'attendre à ce que la multiplicité des sens spécifiques et des fonctions, que l'on décèle dans les diverses sous-classes des verbes en *d-*, relève d'une grammaticisation profondément ancrée dans le temps. Pour un tel groupe d'entités, on doit recourir à la fois aux concepts de chaîne de grammaticisation et à ceux de champ sémantique configuré selon le principe de radialité. Dans la figure 3, qui propose une représentation hybride recourant à la fois aux concepts de catégorie selon le principe de radialité et à ceux de chaîne de grammaticisation, on trouvera une carte sémantique des fonctions synchroniques de *d-,* telles qu'identifiées ci-dessus dans la section 1.4, ainsi que le cheminement postulé pour la grammaticisation de *d-*. Les développements morphologiques sont soulignés pour les distinguer des catégories sémantiques qui sont écrites en minuscule.

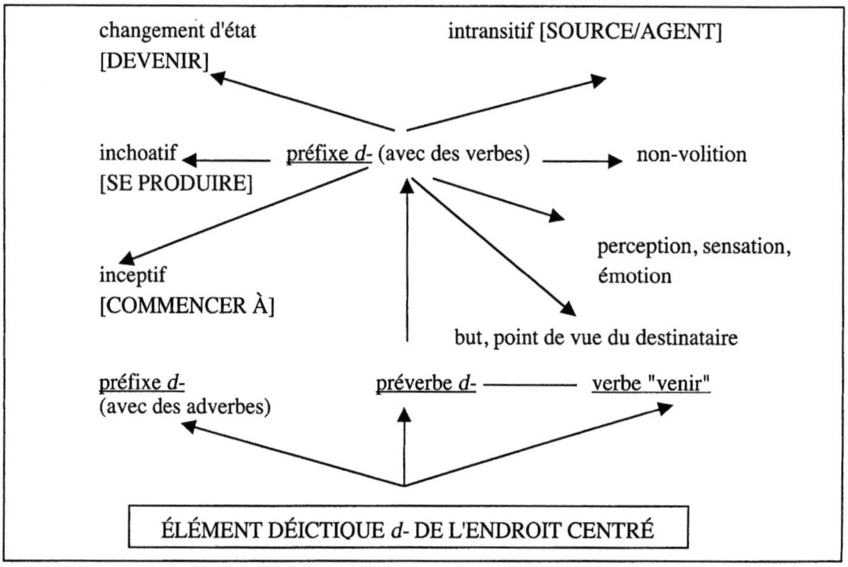

Figure 3. Développements morphologiques et sémantiques du *d-* du bourouchaski.

Si l'on compare les effets de la grammaticisation par croisement linguistique de VENIR dans les figures 1 et 2 avec l'ensemble des fonctions de *d-* en bourouchaski (figure 3), on note un chevauchement important. Les deux premières figures ont en commun avec la dernière la direction vers l'endroit centré (vénitif), le point de vue orienté vers le terme du procès (lexical ou discursif) et toutes les valeurs d'ingressif : inchoatif (entrée dans un état) et inceptif (entrée dans une action). C'est sur ce constat que se fonde toute l'argumentation développée dans cette étude.

2.2. Évidence interne en bourouchaski

2.2.1. Formation du nominal IV

La configuration du nominal IV (également nommé absolutif ou participe conjonctif) se note comme suit : *d-/n-* + thème verbal + (*-n*). Il est frappant que la distribution du préfixe *d-* dans les trois dialectes du bourouchaski soit, dans la formation du nominal IV, en distribution complémentaire avec celle du préfixe *n-*. Les verbes en *d-* forment leur nominal IV en *d-*, alors que les autres le forment en *n-* (Lorimer 1935a : 294 ; Berger 1998 I : 14, Tiffou 1999 : 84). On notera également que *d-* et *n-* occupent le même créneau (position 2) dans la chaîne de morphèmes d'un verbe fini[16]. Cette distribution complémentaire ayant été dégagée, il est possible de rendre compte de son origine éventuelle. (a) Les éléments en distribution complémentaire peuvent être des variantes d'une seule catégorie synchronique (ex. : allophones, allomorphes, “allogrammes”). (b) Ils peuvent être complémentaires d'un point de vue diachronique, c'est-à-dire que l'un remplace l'autre : soit *d-* > *n-*, soit *n-* > *d-*. En ce qui concerne les préfixes *d-* et *n-* du bourouchaski, l'option (b) conduirait à une situation où quelques verbes auraient le préfixe *d-* et d'autres le préfixe *n-*, qui

---

[16] La chaîne la plus longue de morphèmes dans une forme verbale finie du bourouchaski est la suivante (Berger 1998 I : 104) :

1. Négation
2. Préfixe *d-*, préfixe *n-*
3. Préfixes pronominaux
4. Morphème de causatif
5. Thème verbal (non duratif)
6. Morphème de pluralité verbale (action multiple) (Tiffou et Patry 1995)
7. Marqueur de duratif (“présent”)
8. Voyelle de liaison ; marqueur de 1ère pl.
9. Suffixe *-m* ; suffixe *-n* de nominal IV ; suffixe *-s* (formes non finies)
10. Terminaisons personnelles (à l'exception de la 1ère sg.) ; terminaison d'impératif ; verbe auxiliaire
11. Terminaisons casuelles, particule interrogative.

Il est clair que tous les verbes n'admettent pas ces onze éléments.

joueraient la même fonction. On s'attendrait, dans ce cas, à trouver le même nombre de verbes préfixés en *n-* et préfixés en *d-*, aussi bien aux autres formes verbales qu'au nominal IV. Puisque tel n'est pas le cas, l'option (b) doit être éliminée. D'autre part, dans l'option (a), on peut postuler que la catégorie sémantique en jeu, au moment où le système était productif, doit être identifiée à la deixis, qui a pour fonction, entre autres, d'opposer ce qui est ici [+ orientation vers le centre déictique] à ce qui est là-bas [- orientation à partir du centre déictique][17]. Une telle option est compatible avec l'origine étymologique de *d-*, que l'on tire d'un élément déictique référant au centre déictique (> VENIR) et celle de *n-*, excluant cette référence (> ALLER) (voir ci-dessous 3.1).

Il y a suffisamment de variations dans la configuration du nominal IV, dans les trois dialectes du bourouchaski, et particulièrement en ce qui a trait à la présence du suffixe *-n,* pour postuler un ordre historique. En BN, le préfixe *d-* ou *n-* est suivi du thème verbal sans aucun suffixe caractéristique. Ex. : *níman* "lui étant devenu" (< *-mán-* "devenir") ; *d-í-man* "lui étant né" (< *d-́man-* "naître" (Berger 1998 I : 111). En BY, le suffixe *-n* apparaît parfois ; on trouvera ainsi : *net, nét-e, nét-en, nét-ene* "lui ayant fait" (< *-̶t-* "faire") (Berger 1974 : 43 ; Tiffou et Pesot 1989 : 47). En BH, le *-n* suffixé est normalement présent, même avec les verbes en *d-*, ex. : *du-sún* "ayant apporté (< *du-sú-* "apporter"). Toutefois, même en BH, quelques verbes, pour la plupart ceux avec un thème à finale consonantique, peuvent avoir un nominal IV avec ou sans *-n* suffixé, ex. : *nu-úruṭ* et *nu-úruṭ-in* "s'étant assis" (< *hurúṭ-* "s'asseoir") ; *nušé* ~ *nušén* "ayant mangé" (< *šé-* "manger" [objet Y]) (Berger 1998 I : 134). Lorimer (1935a : 297-8) donne plusieurs verbes en *d-* dont le nominal IV se présente tantôt avec le suffixe *-n,* tantôt sans. On en trouvera l'énumération en (36) :

(36) *du-ún-* "saisir" > *du-ún* ~ *du-ún-in* "ayant saisi"
d-́is- "emporter" > *diús* ~ *díu* (Berger I : 134 ; III : 458) et aussi *diús-in* (Lorimer :1935a :297)
du-ús- "sortir" > *duús* ~ *duús-in* "étant sorti" (Lorimer 1935a : 297)
d÷yal- "entendre" > *déyal* ~ *déyalin* "ayant entendu" (Lorimer 1935a : 297)
d÷-ṣqalt- "arriver" > *dóoṣqalt* ~ *dóoṣqalt-in* "eux étant arrivés" (Lorimer : 2981935a)

Lorimer (1935a : 298) note un peu plus loin que peu de verbes ont, pour le nominal IV, *seulement* la simple "base du passé" (thème non-duratif), insérant des éléments facultatifs de morphème en position (3) et (4) (c'est-à-dire un préfixe pronominal et

[17] Il n'est pas inutile de rappeler que l'on a affaire à une opposition privative, dont l'élément "ici" représente le membre marqué.

un morphème de causatif), *sans* le suffixe *-n*. Tous ces verbes sont en *d- ;* la liste en est dressée en (37) :

(37) *du-sók-* “descendre” > *du-sók* “étant descendu”
d-́tal- “se réveiller” > *dítal* “s'étant réveillé
d-̇-gus- “extraire, retirer” > *déegus* “l'ayant retiré”
d-́man- “naître” > *díman* “étant né”

Il ressort de cela qu'à un certain moment, la forme du nominal IV comportait soit le préfixe *d-*, soit le préfixe *n-* et le thème verbal, qui peut comprendre, en outre éventuellement, les éléments insérables en (2), (3), (4) et (5). Apparemment, le Nager conserve la forme de nominal IV la plus ancienne sans le suffixe *-n ;* par conséquent l'ajout du suffixe régulier *-n* pour marquer de façon (redondante) le nominal IV est une innovation. Les marquages de ce dernier sont présentés sous forme de schéma en (38).

(38) Nager : *d-/n-* + thème + 0 (sauf pour *-́t-* “faire”)
Yasin : *d-/n-* + thème (+ *-n/ne/nen/nene*)
Hounza : *d-/n-* + thème + *-n/ne/nen/nene* (sauf quelques exceptions)

2.2.2. Le thème de nominal IV

Il semble bien que le nominal IV du Nager se rapproche le plus de la forme la plus ancienne du thème non-duratif, qui se caractérise par une chaîne comportant les créneaux 2-5, soit : *d-* ~ *n- ;* (le préfixe pronominal) ; (le préfixe causatif) ; la racine[18]. Dans ce cas, *d-* et *n-* étaient (à l'origine) des préverbes associés à des classes de verbes particulières et parfois distinctes. Il est fort vraisemblable que les verbes, pour la plupart, avaient à l'origine des formes en *d-* et sans *d- ;* il y avait même à ce stade des verbes, qui, pour des raisons sémantiques inhérentes, ne pouvaient admettre que l'un de ces deux préverbes déictiques. Il est arrivé, selon toute apparence, que le préverbe en *n-* se soit perdu à toutes les formes, sauf au nominal IV, alors que *d-* s'est maintenu jusqu'à présent à toutes les formes temporelles et aspectuelles. Le maintien d'un déictique en *d-* référant au centre (ici), mais pas celle d'un déictique en *n-*, qui n'y réfère pas (là), serait cohérent si le statut de VENIR était non marqué par rapport à ALLER (voir sur ce point l'analyse proposée ci-dessus en (2.1.1).

[18] En bourouchaski, le thème non-duratif (“passé”) est primaire, celui du duratif (“présent”) est formé à partir du précédent auquel est ajouté un élément facteur de palatisation, probablement issu d'un ancien formant *y (Morgenstierne 1935 : xx ; Lorimer 1935 : 193) ; Berger 1998 I : 130 ; Tiffou 1999 : 171).

Il est significatif qu'à part *ní-* "aller", il n'y ait pas d'autre radical verbal avec un *n-* initial. Lorimer (1938) n'en propose aucun ; Berger (1998 I : 127) le dit expressément.[19] Parallèlement, on trouve, dans Lorimer, Berger ou Tiffou, très peu de racines verbales, à part *d-́y(a)-* "venir (thème ponctuel)",[20] avec un *d-* à l'initiale. On trouvera en (39) la liste de tous les verbes, autres que *d-́y(a)-* "venir", commençant par un *d-*, tels que répertoriés dans Berger (1998 III).

(39) a. *dayá-* "se cacher" [v.i.] (Berger 1998 III : 109)
b. *daltán-* (BN) "battre (le blé)" [v.t.] (Berger 1998 III : 112)
c. *damí-* "mesurer (la terre)" [v.t.] (Berger 1998 III : 113)
d. *dáya-* "se faner (une fleur)" [v.i.] (Berger 1998 III : 117)
e. *dirískin-/durúskin-* "s'étendre, être malade" [v.i.] (Berger 1998 III : 120) (contamination avec *gurúskin-* "rester tranquille" ? [Berger 1998 III : 162])
f. *durúskin-* "ruminer" [v.t.] (Berger 1998 III : 126 ; liens possibles avec *dirískin-* "s'étendre" et *gurúskin-* "être tranquille")
g. *dóon-* "ouvrir (une porte)" [v.t.] ou [v.i.] (Berger 1998 III : 122)
h. *duápi-* "occuper toute la place (par exemple auprès du feu) [v.i.] (Berger 1998 III : 123)
i. *duskurúṭin-* "devenir maigre, faible" [v.i.] (Berger 1998 III : 126)

Il se pourrait qu'avec les entrées (a), (d), (e), (f ?), (g), (h) et (i) de cette liste, on eût affaire à des préfixes *d-* gelés, qui ont été réanalysés comme une partie de la racine. Il se pourrait que (b) *daltán-* (BN) "battre (le blé)" [v.t.] fût relié au groupe de verbes *tan-́* [v.t.] "piler (dans un mortier)", *du-ltán-* [v.i.] "être pilé", *-́-ltan-* [v.c] "faire piler quelque chose à quelqu'un" ' (Berger, III :419), et dans ce cas le *d-* ne fait pas partie, à l'origine, de la racine. Quant à (c) *damí-* "mesurer (la terre)", s'il est relié, comme le suggère Berger (1998 III :113), à *dayú* "mesure", il est clair que ce *d-* initial ne fait

---

19 Tikkanen (1999 : 296) fait mention du verbe *di-nchír-* "déborder, se propager", qui a comme contrepartie les causatifs transitifs *d-́ncir-* "répandre, éparpiller" [v.t.] et *d-́-ncir* "faire répandre, propager de façon à affecter quelqu'un" [v.c.], qui seraient les seuls à avoir à l'initiale un *n-*. Lorimer (1938 : 134) fait mention du china *dinširoiky* "répandre, étaler (un tapis)", que le bourouchaski a apparemment emprunté au china. Il est possible que ce *n-* soit un développement homorganique nasal entre le *d-* qui précède et le *c* qui suit. Il faudrait, dans ces conditions, postuler plutôt une racine première qui pourrait être **cir-*. Dans l'étude qu'il fait sur cette racine, *Čašule* (2002 ms) considère que, parmi toutes les possibilités qu'il envisage sur son origine, le *n-* n'en fait pas partie. Čašule (*op.cit.*) fonde également son point de vue sur l'opposition entre le *-ndíl* "poitrine" du BH et *dil*, son correspondant en BY (voir Berger III : 302), qui offre une confirmation de l'hypothèse selon laquelle *n-* ne ferait pas originellement partie de la racine.

20 Les thèmes supplétiques duratifs *ju-* "venir" (BN et BH) et *cur-* "venir" (BY) aussi bien que ceux de *c(e)ré-* ("aller" duratif) et *gal-́* ("aller" à l'aoriste I seulement) en BY (Tiffou et Pesot 1989 : 45-46) sont très probablement des accrétions tardives.

pas partie, à l'origine, d'une racine verbale. Il ressort ainsi de tout cela qu'à un certain stade, la racine de ces verbes ne comportait pas de *d-* initial.

Comment expliquer qu'une racine verbale ne puisse commencer par un *d-* ou un *n-* ? Quelques-uns des faits pertinents sont compatibles avec une structure hypothétique schématisée en (40), où *d-* et *n-* sont à l'origine des préfixes verbaux, qui, lorsqu'ils sont respectivement rattachés à une racine à initiale en *d-* ou en *n-*, se contractent avec ceux-ci, entraînant ainsi leur disparition à l'initiale de la racine.

(40) *n* + ancien *n* + racine > *n* + racine > 0 + racine (par coalescence du préverbe *n-* et du *n-* initial de la racine, ce qui entraîne la chute du préverbe sans compromettre pour autant sa fonction).
d + ancien *d* + racine > 0 + racine (par coalescence du préverbe)

Cela ne peut, à ce qu'il semble, se produire que dans une situation où le préfixe et la racine sont directement en contact, c'est-à-dire que s'il n'y a pas entre eux de préfixe pronominal ou de morphème de causatif, et à la condition que le préfixe et l'initiale de la racine soient homophones. Les anciens préverbes ont été ainsi plus étroitement intégrés en devenant des préfixes. *d-* a subsisté comme on peut le constater encore maintenant ; quant à *n-*, il a subsisté seulement comme préfixe avec pour fonction de marquer tous les nominaux IV, y compris dans les verbes qui hypothétiquement commençaient par un *n-*, mais à l'exception toutefois des verbes commençant par un *d-*. Cette solution cependant ne rend pas compte des effets de situations hypothétiques plus anciennes où l'on aurait eu affaire à un préfixe non homophone et à une consonne à l'initiale de la racine, c'est-à-dire *n-* + *d*-racine et *d-* + *n*-racine. On peut spéculer en avançant qu'une racine hypothétique en *d-* ou en *n-* comportait déjà une valeur déictique *n-* ou *d-* et excluait, de ce fait, l'emploi d'un préfixe dont la valeur était incompatible. En d'autres termes, le contenu sémantique de *n-* et de *d-* était si net qu'il empêchait toute racine verbale d'avoir à l'initiale un groupe consonantique impliquant une dissonance sémantique. Il faut mener une recherche étymologique plus poussée en faisant appel à la reconstruction interne pour résoudre ce problème.

Il est également frappant que les verbes comportant un préfixe pronominal maintiennent celui-ci au nominal IV ; ex. : *n-̶t-in* "ayant fait..." de *-̶t-* "faire". Le verbe *ni-* "aller", qui ne possède pas de préfixe personnel aux autres formes, le possède au nominal IV ; ex. : *n-áan(in)* "moi étant allé", *nu-kó-n* "toi étant allé", etc. Cela tend à prouver que le verbe *ni-* "aller" comportait à l'origine un préfixe personnel et que sa structure devait être la suivante : [*n* + préfixe pronominal + **i-* "se mouvoir"] ; cette dernière serait parallèle à celle du verbe qui lui fait pendant : [*d* + préfixe pronominal + **i-* "se mouvoir"]. Dans ce cas, on dispose d'un nouvel élément permettant de considérer que le nominal IV actuel préserve, plus que toute autre forme, la configuration ancienne du thème verbal bourouchaski, et d'étayer l'hypothèse proposée ci-dessous (45b) sur son développement.

Il semble que le suffixe *-(V)n* de nominal IV représente un développement plus tardif. Il peut résulter d'un processus phonologique reprenant en “écho” le préfixe *n-* des verbes ne comportant pas un *d-*. Il serait significatif que les verbes notés par Lorimer, dont le thème nu de non-duratif sans le préfixe *n-* fonctionne comme un nominal IV, fussent tous des verbes en *d-*. Peut-être le suffixe *-(V)n* a-t-il contribué à renforcer la transparence, qui tendait à s'affaiblir dans la formation morphologique par préfixation, et à en généraliser l'emploi pour quelques verbes en *d-*. Le comportement de ce *-n* suffixé est quelque peu contradictoire. Berger (1998 I : 134) note que les thème finaux en *-n* peuvent perdre cette finale au nominal IV ; ex. : *numá* “étant devenu” (< *man-́* “devenir”) ; *nuká* “ayant pris” (< *gán-* “prendre”) ; *nusé* “ayant dit” (< *sén-* “dire”) ; *nupára* “ayant regardé” (< *baré* “regarder”). Par ailleurs, Lorimer (1935a : 294), Berger (1998 I : 134) et Tiffou et Morin (1998 : 47-8) ont tous noté la possibilité de reprendre le suffixe *-n* de nominal IV. On trouvera, par exemple, dans *níi-n-in-in-in* “lui étant allé”, quatre reprises du suffixe *-n* (Berger (1998 I : 134). Le comportement de ce suffixe peut fonder l'impression que cette finale *-n* est en quelque sorte secondaire ou facultative, ce qui s'accorde à l'hypothèse relative au caractère tardif de son développement.

La phonologie en “écho” évoquée au paragraphe précédent pourrait être un développement influencé, au contact d'une langue voisine, par copiage d'un effet phonétique de surface. On trouve, par exemple, un phénomène semblable en khowar, où la désinence en *-t* du datif obéit au même type de duplication que l'on a noté en bourouchaski pour le *-n* de nominal IV. C'est ce dont témoigne (41) :

(41)	*ma-t* /	*ma-te-*	/ *ma-te-n*	/ *ma-te-n-en*
	moi-DAT /	moi-DAT-*e*	/ moi-DAT-*en*	/ moi-DAT-*en-en*

On note également en khowar une tendance de plus en plus forte à ajouter un *-an* redondant aux pluriels obliques. Par exemple, on trouve fréquemment, à côté du pluriel oblique normal *pažal-án*, la forme *pažal-án-an* avec un *-an* grammaticalement redondant. Il arrive même qu'on entende des formes avec une reprise supplémentaire de cet *-an* redondant ; ex. : *ḍaq-an-án-an* (garçon-pl.OBL-*án-an*).[21] Un phénomène phonétique similaire se produit en wakhi, où, dans les formes de substantifs comportant des éléments pronominaux à deux positions, *-n-* (ou *-r-* en wakhi du

---

[21] Cela peut être cependant dû à une réanalyse sous-jacente de la marque de pluriel oblique, *-an*, comme marqueur de pluriel d'un cas direct, ce qui aurait déterminé le besoin d'avoir un marqueur additionnel pour l'oblique.

Wakhan) apparaît dans un hiatus entre un élément pronominal vocalique *a* et la voyelle initiale du suffixe d'ablatif - *ən* (42) (Bashir, en préparation).

(42) *((h)(a)) -ts -á* -*n*- *ən*
EMPH -de-démonstratif -*n*- ABL
"De cela/de lui/d'ici."

Cela se produit également aux formes adjectivales prédicatives des pronoms au génitif, dont la structure est la suivante : (GÉN + *n* + marqueur d'ablatif -*(ə)n*) ; ex. : *Zƅ ɪ* "mon" > *Zƅ ɪ-ən* "mien" ; le pronom réfléchi *x̌ar* "lui-même" a pour adjectif attributif *x̌ƅ ɪ* "sien" et pour adjectif prédicatif *x̌ƅ ɪ-n̲- ən*.

3. Origine du préfixe *d-*

3.1. *d-* élément déictique centré

Après avoir pris comme hypothèse de point de départ qu'un déictique centré était à l'origine de *d-*, nous devons examiner deux possibilités selon lesquelles une racine verbale pourrait admettre comme préfixe un marqueur déictique. (a) On pourrait avoir affaire à un processus de développement en série à partir d'un verbe, comme c'est le cas en tibéto-birman et dans les langues dravidiennes. Selon un tel développement, dans la chaîne du VERBE VENIR, le verbe lexical VENIR se serait grammaticisé en un marqueur déictique centré, qui, par la suite, aurait sous-tendu des différenciations subséquentes de sens. (b) On pourrait avoir affaire, à l'origine, à un élément déictique, à partir duquel se développe une série de fonctions sémantiques, liées à divers processus de grammaticisation. Ces deux possibilités amèneraient à postuler des mécanismes différents ainsi que des développements diamétralement opposés, tant pour les éléments déictiques que pour les verbes lexicaux VENIR et ALLER. Elles sont toutes deux schématisées à grands traits en (43)

(43) a. Verbe à développement en série
verbe lexical "venir" > (par développement en série) préfixe *d-*
verbe lexical "aller" > (par développement en série) préfixe *n-* (> perfectivité)

b. Préverbe
d- (élément déictique centré) > *d-* (préverbe) > *d-* (préfixe) et > "venir" (développements parallèles)
n- (élément déictique excentré) > *n-* préverbe > *n-* préfixe (perdu dans le thème verbal, à l'exception du nominal IV) et > "aller" (développements parallèles)

Eu égard à la possibilité de développements en série à partir d'un verbe, il est bien connu que, dans ce cas, les verbes de mouvement donnent des postpositions, des auxiliaires et des marqueurs aspectuels. Le préfixe *d-* ne se prête à aucun de ces développements. C'est pourquoi, puisque le bourouchaski a, à l'origine, une structure agglutinante où le verbe constitue (un microcosme de) toute la phrase et qu'il n'y a pas, dans une telle structure, de possibilité d'emploi pour un verbe à développement en série, il est très probable qu'un tel mécanisme n'a pu exister dans cette langue et que l'hypothèse du préverbe est plus appropriée à rendre compte des développements diachroniques en bourouchaski.

Des développements comme celui à partir du préverbe, que je postule pour le bourouchaski, sont attestés dans les langues (pré)indo-européennes. Arbeitman (1974), après avoir fait référence au grec ancien et à des stades anciens du sanskrit, où l'on ne trouve pas de verbes composés, décrit la situation en hittite, où les deux préverbes directionnels *u-* "ici" et *pe-* "là" ont été adjoints à des thèmes verbaux non spécifiés du point de vue déictique, pour former des verbes de mouvement spécifiés de ce point de vue (44).

(44)	*uda-* "apporter"	*peda-* "emporter"
	u̯-i̯a- "adresser"	*pei̯a-* "expédier"
	unna- "conduire ici"	*penna-* "conduire là-bas"
	uwate- "mener ici"	*peḫute-* "mener là-bas"
	u-izzi - "il vient"	*pā-izzi* "il s'en va" (Arbeitman 1974 : 71)

Tout en citant un développement similaire en grec moderne, Arbeitman conclut qu'un tel processus d'adjonction à une racine ne pose aucun problème dans quelque langue indo-européenne que ce soit (1974 : 75). On trouve également ce développement en kalache (IANO), où nous avons *i-k* "venir" et *par-ik* "aller" (*-ik* représentant le suffixe d'infinitif), ainsi qu'en so (voir l'exemple 35b ci-dessus). On le retrouve aussi dans les langues caucasiques (voir 3.2 ci-dessous sur l'abaza). Les développements du hittite, du grec, du kalache, du so et de l'abaza suivent le modèle donné en (45a). Pour le bourouchaski c'est la variante donnée en (45b), qui s'applique.

(45) a. Déictique centré + verbe de mouvement translationnel neutre > VENIR
Déictique excentré + verbe de mouvement translationnel neutre > ALLER
b. *d-* + Pronom préfixé + **i-* "se mouvoir" > "venir"
n- + Pronom préfixé + **i-* "se mouvoir" > "aller"

Dans sa description du bhitrauti, langue indo-aryenne du Nord parlée dans la partie sud du Rajasthan, Hook (2001 : 125 ; 1998) étudie les adverbes de perfectivité, *parau* "au loin" et *(u)rau* "ici", qui, selon lui, remplissent en bhitrauti les mêmes fonctions que celles des verbes composés dans la plupart des autres langues indo-aryennes du Nord, tels l'hindi et le marwari, en ajoutant une valeur perfective[22]. Hook et Chauhan (1996 *passim*) proposent beaucoup plus d'exemples de la forme *parau* en bhitrauti et de *po,* son pendant fonctionnel en godwari, que de la forme *(u)rau.* À l'instar d'autres auteurs, qui ont observé que, pour d'autres langues, la forme excentrée (cf. ALLER) est plus répandue (c'est-à-dire non marquée), Hook (*op. cit.*) écrit : "*urau* est seulement utilisé lorsque l'action exprimée par le verbe est clairement centripète ("apporter", "venir", "descendre [vers le locuteur]", etc.). *parau* représente le directionnel à valeur aspectuelle non marquée." Voici, à titre d'illustration, deux exemples donnés par Hook (46).

(46) *m*^{h}*ū: hU~ka:ro* *de* <u>*u:rɔ*</u>
moi accompagnement donner-1s ICI-ns
"J'accompagnerai votre chant" (Hook 2001 : 125)

m^{h}*e ru:p d*^{h}*arən* *dß r-ɔ~* <u>*pə r-u*</u>
nous forme assumer faire-1p LÀ-BAS-ns
"Nous prendrons notre (vraie) forme." (Hook 2001 : 125)

Grierson emprunte l'exemple (47) au *Sāēṭ-kī Bōlī* du dialecte marwari, qui est, en fait, le même dialecte que celui étudié par Hook et Chauhan (1986 : 5) sous le nom de bithrauti et qui a, d'ailleurs, été aussi cité dans le présent article.

(47) *jarē uNē chērā-rō wāg wa-Nē dik̇°rā-nē* <u>*parō*</u> *mārīō*
alors que dessin-de tigre que-DAT fils-DAT LÀ-BAS tué
"Le tigre du dessin a tué ce fils" (Grierson 1919 IX, 2 :103)

Grierson (1919 IX, 2 :103) considère, dans sa présentation du bagri[23], dialecte du marwari, que les éléments *ro, paro* et *waro* permettent de former des verbes intensifs, qu'il étudie sous la rubrique "verbes composés". Ces formes se comportent comme un adjectif et s'accordent avec le sujet d'un verbe intransitif ou l'objet d'un transitif direct. Les exemples donnés en (48) sont extraits de ceux que donne Grierson (1919 :IX,2 :103) sur le marwari.

---

22 Des préverbes ont été associés à l'aspect perfectif également par des chercheurs spécialisés dans l'étude des langues caucasiques (citons à titre d'exemples Allen 1956, Holisky 1983, Schulze-Fürhoff 1994).

23 Selon Lakhan Gusain, le dialecte auquel Grierson fait référence, est actuellement connu sous le nom de wagri.

(48) a. *hū̃ pōthī warī lē-ū̃*
moi livre ICI prendre-1s
"Je prends le livre (pour moi-même)."

b. *ū pōthī parī dēhī*
lui livre LA-BAS donner-fut-3s
"Il lui donnera le livre"

Si l'on suit Kellogg (1989 : 303), *waro* (ici) s'emploie lorsque l'action est réfléchie et peut être caractérisée comme "une sorte de voie moyenne"[24]. D'autres dialectes du marwari fournissent divers exemples du même type. Celui donné en (49) est emprunté au dialecte sirohi-rathi.

(49) *ḍaLū-kabḍū kajiā-wāre līdū-ōrū*
"Les branches et les feuilles qui forment la porte (de la hutte) ont été arrachées [pour elles-mêmes] par les personnes qui se sont querellées avec lui." (D'après la traduction de Grierson 1919 IX, 2 : 98)

Le marwari possède donc *à la fois* le verbe composé typique de l'indo-aryen, qui comprend le thème du verbe principal suivi d'un verbe vecteur à une forme finie (voir l'exemple [50] avec le verbe vecteur "aller"), *et* les directionnels adverbiaux/adjectivaux *paro* et *waro* dont la description a été donnée pour le bhitrauti.

(50) *na jaaNAA mUvo kinaa kaṭhi-hii jogii sanyaasii huy gayo*
NÉG sais mourut ou du moins yogi sanyasi devenir ALLA
"Je ne sais s'il est mort ou s'il est devenu soit yogi, soit sanyasi." (Hook 1993 : 103, emprunté à Nainsi 1960 : 2. 20. 1)

En comparant ces divers mécanismes d'intégration de la teneur vectorielle (abstraite) des verbes de mouvement dans d'autres verbes lexicaux, nous dégageons un ensemble de procédés à partir d'éléments déictiques ou de verbes de mouvement, ce qui a pour effet d'ajouter un marquage du point de vue pré-aspectuel [+ terminal] (ou de perfectif) aux verbes auxquels ils s'adjoignent (51). Les deux procédés fondamentaux, préverbe et verbe composé, mettent un terme au continuum, alors que le bhirauti et le marwari semblent se situer entre le stade du préverbe et celui du verbe à développement en série.

---

[24] Kellogg (1989 : 303) : "On peut rapprocher l'emploi de ces composés en *waro* de celui du moyen en grec."

(51)	préverbe	Langues caucasiques du Nord-Est et du Nord-Ouest, proto-indo-européen, hittite, vieil indo-aryen, ossète, grec moderne, anglais
	adverbe directionnel :	Bhitrauti (dialecte du marwari IAN)
	adverbe directionnel + verbe composé :	Marwari (IAN)
	verbe composé à développement sériel :	Dravidien, tibéto-birman, indo-aryen, hindi, ourdou, penjabi, marathi, marwari

Selon l'hypothèse avancée pour le bourouchaski, nous devrions nous attendre à ce qu'un élément de marquage (pré-aspectuel) de terminatif [+ t] (cf. la "transformativité" de Johanson) soit associé au préfixe *d-*. Au niveau du mode d'action (structure d'un événement lexical), on peut observer qu'il en va ainsi, car *d-* ajoute un élément télique au verbe auquel il est adjoint, en créant, par exemple, un changement dans les verbes d'état. Au niveau de la pragmatique, nous aurons à observer de tels effets en effectuant une analyse textuelle, tout en prêtant une attention particulière à la co-occurence des verbes avec ou sans *d-*, selon leurs diverses formes aspectuelles et temporelles. Étant donné qu'il y a des affinités naturelles entre les catégories aspectuelles et les classes de mode d'action, nous pourrions nous attendre à trouver une distribution non aléatoire des verbes préfixés en *d-*, en fonction des catégories aspectuelles et temporelles. Une première impression va dans ce sens, à l'examen d'un groupe de phrases citées pour illustrer les déplacements de point de vue selon que, dans les textes, les verbes sont préfixés en *d-* ou non (voir ci-dessus la section 1.4). Souvent les verbes sans *d-* apparaissent à l'impératif, alors que les formes en *d-* sont employées dans un contexte perfectif, et ce, souvent au nominal IV. L'investigation, appuyée sur un corpus le plus large possible, sur les distributions en contexte des verbes en *d-* et des verbes sans *d-* en fonction de leurs formes temporelles et aspectuelles, peut fournir des données objectives intéressant l'analyse synchronique des fonctions des verbes en *d-*.

3.2. La source de *d-* et de *-n*

On est poussé à voir une source possible des éléments déictiques centrés et excentrés, tels que postulés, pour rendre compte, d'une part, du préfixe *d-* et du thème non-duratif du verbe "venir", et, d'autre part, du préfixe *n-* et du verbe *n-* "aller" en bourouchaski, dans des éléments directionnels dont on trouve des équivalents dans les langues caucasiques du Nord-Est. Alekseev (1999 : 116, 122), citant la reconstruction des suffixes casuels du proto-caucasique du Nord-Est, proposée par Diakonoff et

Starostin (1986 : 75) (v. ci-dessous en [52]), reprend leur conclusion en avançant qu'on trouve au moins certains de ces morphèmes comme racines d'adverbes d'espace et comme préfixes verbaux. Selon Diakonoff et Starostin (1986 : 86), "la plupart des préverbes en caucasique de l'Est remonte à des adverbes d'espace, qui sont aussi à la source d'un certain nombre de cas locatifs dans le système nominal."

(52)
-0 (absolutif)
*-_s'V_ (ergatif ou instrumental)
(PAnd) *-_u_ (élatif)
*-_w_$_1$_V_ (datif?)
*-_i a_ ou *-_da_ (allatif)
*-_nV_ (ablatif ou génitif)
*-_'V_ (locatif-inessif)
*-_č.V_ (locatif-contactif)
*-_k k'V_ (contactif)

On retiendra comme éléments pertinents à notre étude l'allatif et l'ablatif, respectivement en *-_da/_*-_ía_ et en *-_nV_, qui viennent appuyer notre argumentation. Les langues caucasiques du Nord-Est peuvent, pour la plupart, recourir à des affixes insérés devant la racine des verbes spatiaux pour marquer la direction (Diakonoff et Starostin 1985 : 85 ; Nichols 1994 : 160). Le _d-_ du bourouchaski occupe une position dans la chaîne des morphèmes verbaux analogue à celle dévolue aux préverbes dans un grand nombre de ces langues. Ce parallélisme n'offre pas nécessairement un élément de preuve en faveur d'une relation génétique, car il pourrait s'expliquer par un contact étroit et prolongé entre langues. Tuite (1998) plaide en faveur d'étroites ressemblances "quasi génétiques" entre le bourouchaski et les langues caucasiques du Nord-Est, en faisant appel à un concept développé par Nichols (1993), selon lequel "les ressemblances de structure et de vocabulaire ne prouvent pas une relation génétique au sens classique du terme, mais suggèrent un lien possible à un niveau légèrement plus profond que celui que peut atteindre la méthode comparative." (Nichols 1993 : 73 cité par Tuite 1998 : 465)[25].

---

[25] Tuite (1998 : 462-4) énumère les points suivants de ressemblance entre le bourouchaski et les langues caucasiques du Nord-Est :
(I) Dévoisement des sonores initiales quand elles perdent cette position ; ex. : _bultu_ "jour", _he-pultu_ "demain" (Morgenstierne 1935 : xiv) ; en kürin (dialecte caucasique du Nord Est) _rab_ "aiguille" > pl. _rapini_ "aiguilles" (Bleichsteiner 1930 : 296 cité par Morgenstierne 1935 : xiv) ; également _d_ > _t_ après _a-_ (négation).
(II) Identité ou ressemblance au génitif des marqueurs d'accord de genre.
(III) Neutralisation des cas aux premières et deuxièmes personnes ; flexion à la deuxième personne par supplétion du radical.
(IV) Ressemblances lexicales.

Des développements sémantiques comparables à ceux que nous avons vus en bourouchaski (voir ci-dessus fig., 3) peuvent être également observés en abaza (abkhaz, langue caucasique du Nord-Ouest). Allen (1956 : 165) décrit le système directionnel de l'abaza selon trois termes : *dza* "ici", *na* "là-bas" et 0 (ni l'un ni l'autre). *na* est rare et peut être remplacé par 0[26]. Il est possible d'attacher ces préfixes directionnels à des verbes neutres du point de vue déictique pour former des paires ; ex. : *dzá-gra* "apporter", *ná-gra* "emporter" (formés à partir du verbe *gará* "transporter", non spécifié du point de vue déictique) ; *dzá-yra* "venir ici", *ná-yra* "venir là". Quelques développements contextuels du directif *dza,* déictique centré, présentent des analogies frappantes avec les fonctions centrales des verbes en *d-* du bourouchaski. Les exemples tirés de Allen (1956 : 169) —(53ab), (55a), (56a)— offrent de remarquables parallèles avec leurs équivalents du bourouchaski donnés en (53c), (54b), (55b) et (56b), qui consistent en paires de verbes préfixés ou non en *d-*

(53) a. *ydzasḵnə ld* "Ça s'est collé sur moi." (perfectif)
b. *ysḵnə h* "Ça se colle sur moi."
c. Bourouchaski : *tikéṭ duxáraṭi* "le timbre est collé (sur quelque chose, spontanément, sans intervention humaine)." (Tiffou et Morin 1983 : 387)

(54) a. *ddzadrə yd* "Il est né, il est venu au monde."
b. Bourouchaski : *hilés-an dimánimi* "Un garçon est né." (Lorimer 1938 : 133)

(55) a. *a wandə r sdzak^{w} ϑ "il est né, venu au monde."*
b. Bourouchaski : *jatáq-ulo dusóokičai* "Il descendit au terrain de danse." (Lorimer 1938 : 149)

(56) a. *ydzak^{w}ayd* "Il pleut (du ciel vers la terre)."
b. Bourouchaski : *harált diáršila* "Il pleut." (Lorimer 1938 : 128) (< *di-áarč-* "pleuvoir, survenir", forme en *d-* dérivée de *gáarc-* qui signifie "courir, marcher, couler). (Berger 1998 III : 141)

3.3. Grammaticisation et dégrammaticisation de *d-*

On trouvera schématisée ci-dessous une suite possible des étapes de la grammaticisation de *d-* et de *n-*. Les chaînes hypothétiques des morphèmes verbaux, aux différentes étapes de la grammaticisation, sont les suivantes :

Étape 1 : Préverbes CENTRÉ/EXCENTRÉ-(préfixe pronominal)-racine verbale. À l'étape 1, les préverbes déictiques auraient des signifi-

26 Cela est cohérent avec le statut marqué de VENIR vis-à-vis d'ALLER, v. ci-dessus (2.1.1).

cations, à l'origine concrètes, directionnelles (telles que préservées aujourd'hui dans des verbes comme “apporter” ou “envoyer”). Cela est similaire à la composante directionnelle des sens des verbes composés en ALLER et VENIR en hindi, dont le cas a été bien étudié (voir 2.1.3 ci-dessus).

Étape 2 : Les constructions des préverbes deviennent plus étroitement intégrées ; ceux-ci acquièrent le statut de préfixe (morphologisation).

Étape 3 : Extensions à d'autres significations (grammaticisées). Les cheminements de la grammaticisation de *n-* et de *d-* divergent, ce qui est cohérent avec le statut respectivement marqué et non marqué des déictiques centrés et excentrés.
n- > directionnalité > perfectivité > nominal IV[27].
d- > directionnalité > télicité > résultatif > emphase sur le point d'aboutissement > orientation vers P.

Étape 4 : Commencement de la dégrammaticisation de *d-*[28]. Perte de productivité (ce phénomène est probablement lié à l'usage de plus en plus fréquent de formes verbales périphrastiques à partir de formes nominales, ce qui a pour effet d'éliminer la transparence de l'emploi de *d-*, dans la conscience des sujets parlants). Divergences ultérieures de sens. Gel, dans certains verbes, certaines formes. Perte de certaines formes pour quelques verbes. (morphologisation > lexicalisation)

---

27 En BH, le nominal IV ne peut être nié ; le nominal III, nié, assure par supplétisme l'équivalent fonctionnel ; ex. : *a-yétum* “lui n'ayant pas fait”. En BN, seuls les verbes qui sont niés en *oó-* plutôt qu'en *a-* peuvent être aussi niés (Berger 1974 : 43 ; Berger 1998 I : 165). En BY, le nominal IV peut être nié, mais, comme en BH, la négation du nominal III (cf. Berger) est préférée (Tiffou et Pesot 1989 : 48). Dans ses études sur le développement historique du verbe composé et sur ses rapports avec la catégorie du perfectif, Hook (1991, 1993, 2001) insiste sur l'incompatibilité qu'a en général le verbe composé avec la négation, pour considérer les verbes de ce type comme des formes impliquant la perfectivité.

28 Le terme “dégrammaticisation” dans la littérature linguistique est utilisé dans deux sens très différents : (I) un morphème grammatical devient plus productif et finit éventuellement par devenir un mot indépendant ; ex. : “bus” ou “ism” en anglais, *I'm not interested in any of your ism* ; (II) une catégorie morphologique devient moins productive au point de disparaître parfois totalement. Dans ce cas, les éléments qui le comportent sont traités comme des éléments lexicaux ; ex. : le **sk* inchoatif du PIE. Dans cet article, le terme “dégrammaticisation” est utilisé dans le deuxième sens.

Étape 5 : Dégrammaticisation complète (relexicalisation).[29]

Le préfixe verbal *d-* semble se situer entre l'étape 4 et 5 dans le modèle proposé pour rendre compte du cycle de grammaticisation-relexicalisation. L'exemple donné par Tiffou (voir 3.4 ci-dessous, exemple [60]) d'un mot préfixé en *d-* de création éventuellement récente, montre que ce préfixe peut garder une certaine "vie".

Les processus de lexicalisation et de délexicalisation s'opèrent cas par cas et à une allure différente selon le mot, ce qui est cause de situations variées. Morin et Tiffou (1988 : 506) étudient le cas du verbe *do-hoq-* "enfler" en BY, qui peut être traité soit comme un verbe avec un préfixe *d-* bien distinct, tel qu'illustré en (57),

(57) *á-lči* *d-áa-hoq-i*
mon-œil *d-*1sg-enfler-3s
"mon œil a enflé."

soit comme une nouvelle forme dans laquelle *d-* a été réanalysé comme une partie du thème, ainsi qu'en témoigne (58) :

(58) *á-lči* *áa-dohoq-i*
mon-œil 1sg-enfler-3s
"mon a œil enflé."

La réanalyse de *d-* comme partie du thème est presque complète dans le cas du verbe *d-̶-l-* "frapper battre", qui, à l'origine se décomposait en *d-* + préfixe pronominal + *-l-* (radical). Le préfixe a été réanalysé comme faisant partie du thème et ce thème avec le préfixe pronominal de la troisième personne du singulier de la classe h (*-̶del*) a été généralisée partout, sauf lorsque ce préfixe pronominal est à la troisième personne du pluriel des classes h et x ; ex. : *d-ó-l-i* "il les a frappés". Cette réanalyse va plus loin, puisque le nominal IV de *déel-* recourt (en BH notamment) au préfixe *n-* (ce qui ne se produit pas pour les autres verbes). La séquence fournie en (59) propose une illustration dans laquelle on peut voir la forme préfixée survivante avec le préfixe pronominal *-ó-* de troisième personne du pluriel de la classe h, jouxtant le nominal IV avec préfixation en *n-* d'un ancien verbe en *d-*.

---

[29] On trouvera dans Hoper (1990, 1994), une analyse du processus complet de dégrammaticisation (démorphologisation) ; celui-ci se produit "quand un morphème perd sa contribution grammatico-sémantique à un mot, tout en engendrant quelque trace de sa forme originelle et…devient une partie non distincte de la construction phonologique d'un mot". Hoper cite, parmi de nombreux exemples, le cas de l'affixe *-n-* dans des langues indo-européennes ; le présent du verbe "stand" en anglais, par opposition au passé "stood", qui ne comporte pas de *-n-*, en donne une bonne illustration. (Hoper 1990 : 157)

(59) *daɣóaŋ* *[ú]ar* *dóliman.* *n-ú-dil[j]ar*
farine eux-DAT *d*-È3p-frapper-FUT3p *n*-3p-frapper-DAT
"Ils répandirent de la farine sur eux. L'ayant répandue..." (Tikkanen 1991 : 101)

3.4. Nouveaux développements

On assiste peut-être à une nouvelle réanalyse de *d-*. Morin et Tiffou (1988 : 522, n. 23) notent que certains sujets parlants du BY acceptent un (nouveau) verbe, *du-kháran-* "être retardé", qu'ils considèrent comme un hounzaïsme[30]. Ce verbe donné par Morin et Tiffou a été employé spontanément en (60) dans la phrase suivante :

(60) *ne* *hir* *haráltcum* *du-khárani*
l'(HMs) homme(ABS) pluie(Y)-ABL *d*-être retardé(PRÉT)-3sX
"L'homme a été retardé par la pluie."

Cette phrase est curieuse parce qu'elle comporte à la fois un verbe en *d-* et un marquage d'agent à l'ablatif, *harált-cum* "par la pluie". Selon Morin et Tiffou (1988 : 510), un agent inanimé ne devrait pas être marqué à l'ablatif dans une telle phrase. S'il arrive que le verbe *du-kháran* devienne courant et que le marquage d'un agent inanimé à l'ablatif commence à se développer, il sera possible de déceler l'amorce d'une réanalyse de *d-* où la fonction de ce préfixe deviendrait comparable aux passifs morphologiques réguliers du china ou au passif syntaxique régulier de l'ourdou. Des phrases comme celles données en (60) seraient calquées sur un modèle (syntaxique et/ou éventuellement sémantique), du type de celui qu'on a dans ces deux langues.

En outre, de nouvelles grammaticisations de "venir" et d'"aller" sont en train de se développer en bourouchaski. Berger (1988 I : 170) note des formations périphrastiques comportant le nominal III (thème non-duratif + *m*) marqué au cas oblique (*-e*) et suivi d'une forme finie de VENIR ou d'ALLER. La construction en ALLER indique alors une action continue en développement, comparable à celle de l'anglais "go on V-ing" (61).

(61) *phu* *balíčume* *ními*
feu brûler(PRÉS NOM$_1$)-OBL aller-PRÉT3s
"Le feu est en train de brûler de plus en plus." (Berger 1998 I : 172)

---

[30] La forme *du-kháran-* n'apparaît pas dans Berger (1988 III : 252), qui donne, à la place, la forme *kharán-/ -kháran-* "être en retard".

La forme parallèle en VENIR indique également une action continue, mais "du point de vue de l'étape finale de l'action" (62). Nous avons ici affaire à la fonction de VENIR qui marque "la progression de l'action tendant à son achèvement", dont il a été fait état ci-dessus en (2.1.3).

(62) *sihát qharáap maíme díya*
santé abîmé devenir (PRÉS NOM_1.OBL) venir (PRÉT)
"Sa santé va de mal en pis." (Berger 1998 I : 172)

Ces tournures sont calquées sur des structures de l'ourdou, illustrées par les exemples (27) et (28), que nous reproduisons ici, afin de faciliter la lecture, aux rubriques (63) et (64)[31].

(63) *woh do sūl se kartā ā rahā hai*
lui deux ans à partir de faire(IMPERF PTP) venir(PRÉS PROGR)3s
"Il a été en train de le faire pendant deux ans."

(64) *tum bolte jāo māī likhtī jāū~gi*
vous parler(IMPERF PTP.mp) aller-IMP moi écrire (IMPERF PTP.f) aller(1s.FUT.f)
"Vous parlez et j'écrirai." (lit. "vous vous mettez à parler et je me mettrai à écrire"; cela se dira, par exemple, dans une situation où une personne dicte une liste ou une série de nombres à une autre qui la note par écrit).

Il y a donc au moins trois rémanences des éléments déictiques originels *d-* et *n-*, qui fonctionnent, dans la langue, couramment et concomitamment aussi bien comme des verbes lexicaux que comme des préfixes *d-* et *n-*, et actuellement comme des composantes de formes périphrastiques temporelles et aspectuelles. Ce dernier cas est une conséquence typique de l'implication lexicale des verbes "venir" et "aller" ; c'est peut-être la première ébauche d'un nouveau maillon dans la chaîne de grammaticisation. On trouvera dans le tableau suivant une shématisation de la chaîne de grammaticisation du *d-* en bourouchaski et de l'amorce d'un développement nouveau qu'on peut actuellement déceler.

---

[31] Des constructions calquées du même genre sont également en train de se développer dans la langue khowar.

préfixe verbal
↑
préverbe
↑
ÉLÉMENT
préfixe adverbial ← DÉICTIQUE → verbe lexical venir → marqueur de temps et d'aspect
d

Figure 4. Chaîne de la grammaticisation du *d-* en bourouchaski

Les développements sémantiques des verbes en *d-* ont entraîné des fonctions qui ont été étudiées dans diverses rubriques ; l'une était consacrée aux catégories aspectuelles, telles que le parfait (cf. Anderson 1982 *passim*), le résultatif (Nedjakov 1988 *passim*) ou l'ingressif (Comrie 1976 : 19) ; l'autre, aux catégories de diathèse, telles que la voie moyenne (Kellogg 1989, Croft et autres 1987, Kemmer 1993), le passif (Morin et Tiffou 1988) ou l'anticausatif (Haspelmath 1987) ; l'autre, aux catégories de genre d'action, telles que la télicité (Holisky 1979, 1983) ; la dernière, à des catégories pragmatiques, tel que le point de vue (Bashir 1985). Néanmoins le préfixe *d-* ne s'accommode pas simplement d'une seule de ces catégories. Le fait qu'on puisse rendre compte de son hétérosémie d'une façon cohérente, comme on s'y est efforcé dans cet article, plaide en faveur du pouvoir de généralisation et d'explication de modèles cognitifs fondés sur la géométrie du concept vectoriel de causalité.

BCILL 113 : *Bourouchaskiana*, 63-81

LE BÉNÉFACTIF DANS LE BOUROUCHASKI DU YASIN

Étienne TIFFOU et Yves Charles MORIN
Université de Montréal

1. INTRODUCTION

Certains procès verbaux, contrairement à d'autres, peuvent avoir un destinataire, c'est-à-dire une personne, voire un être animé, sur lequel le procès tend à avoir un effet. On comparera "il me montre la jolie maison" et "il grimpe sur le toit de la chaumière". Dans le second exemple, il est clair que l'idée exprimée par le verbe ne saurait affecter un destinataire, ce qui n'est pas le cas dans le premier exemple. D'un point de vue sémantique, le résultat peut être bon (bénéfactif), ou mauvais (maléfactif). Comme le bourouchaski ne distingue pas ces nuances, on utilisera pour ces deux cas le terme de bénéfactif.

Il reste toutefois à lever une autre ambiguïté; ce terme peut désigner toute phrase où sémantiquement le procès verbal intéresse forcément un destinataire ou, si l'on préfère, un bénéficiaire. Il peut également être utilisé afin de caractériser des procédés grammaticaux divers pour marquer cette idée. C'est ce sens qui est retenu dans cette étude. Il est des langues, en effet qui recourent à des procédés particuliers pour marquer cette valeur. Tel est le cas du bourouchaski.[1] Il importe cependant,

---

[1] Il est n'est pas sans intérêt de noter que ceux qui ont étudié le bourouchaski, à l'exception de E. Bashir (1985), n'utilisent pas le terme de bénéfactif. D.L.R. Lorimer (1935-38 I : 209 sq.) traite bien de ce phénomène, mais sans le distinguer explicitement du causatif. Quant à H. Berger (1998 I : 122 sq.), il utilise le terme "applicativ" emprunté à la terminologie des africanistes. En revanche, E. Bashir (1985 : 10 sq.) parle de bénéficiaire, tout en reconnaissant, comme nous, que celui-ci puisse être lésé. Les études de D.L.R. Lorimer (1962) et de H. Berger (1974) sur le

avant d'aller plus avant dans la description de cette langue sur ce point, de limiter l'objet de cette étude. D'une façon générale, on peut considérer comme bénéfactive toute phrase où le verbe comporte implicitement ou explicitement un destinataire. À cet égard, toutes les tournures comportant un datif relèvent de ce point de vue. En fait, ce type de tournure est plus ambigu ; on distinguera le cas où le destinataire est considéré comme un actant des cas où il est envisagé comme un circonstant. On distingue bien en français la valeur des deux phrases suivantes : "je t'ai parlé", "j'ai parlé en ta faveur". Dans le premier cas, le basque recourra au datif, dans le second au prolatif. Il n'en va pas différemment en bourouchaski, où l'on opposera au datif une tournure avec une postposition telle que *gandíči.*

Il est légitime de considérer comme bénéfactives les tournures où le nom au datif a valeur d'actant ; et, d'ailleurs, dans ce cas en bourouchaski, le préfixe du verbe, lorsque celui-ci en comporte un, renvoie, la plupart du temps, au nom marqué au datif. Ex. :

1) *Ne híre* *xat* *jáɣa* *aúi.*
l' homme.ERG lettre.ABS moi.DAT à moi.il a donné
"L'homme m'a donné une lettre."

Ces cas, étant relativement clairs, ne feront pas l'objet d'une étude particulière, et ce d'autant plus qu'ils relèvent d'un procédé, sinon universel, du moins fort répandu dans les langues du monde. Mais le bourouchaski recourt parallèlement à un procédé relativement complexe, dont les principes ne sont pas toujours apparents. C'est lui que l'on désignera sous le terme de bénéfactif et que l'on s'efforcera de décrire et de comprendre.

2. CARACTÉRISTIQUES MORPHOLOGIQUES DU BÉNÉFACTIF

Le bénéfactif est en principe aisément repérable morphologiquement ; malheureusement son marquage est également employé pour caractériser le

---

bourouchaski du Yasin sont encore moins explicites. Lorimer cite occasionnellement, dans son dictionnaire, des exemples de cette tournure quand il y a lieu (v. à titre d'exemple 1962 : 104A). Quant à Berger, il traite explicitement du bénéfactif (1974 : 29-30), mais en le nommant transitif secondaire. C'est dans le livre *Contes du Yasin* (É. Tiffou et J. Pesot 1989 : 69-61) que le terme de bénéfactif est systématiquement utilisé dans une description du bourouchaski du Yasin.

causatif[2] ; ce n'est, d'ailleurs, pas par hasard, mais il faudra revenir là-dessus. Le verbe peut en bourouchaski comporter un préfixe personnel. Ce type de préfixation peut se présenter sous une des trois formes suivantes :

Préfixe de type I (-/-́)		Préfixe de type II (-́)		Préfixe de type III (-́-)	
Singulier	Pluriel	Singulier	Pluriel	Singulier	Pluriel
a-/á-	mi-/mí-	á-	mé-	áa-	mée-
gu-/gú-	ma-/má-	gó-	má-	góo-	máa-
i-/í- (m)	u-/ú- (m)	é- (m)	ó- (m)	ée- (m)	óo- (m)
mu-/mú-(f)	u-/ú- (f)	ó- (f)	ó- (f)	móo- (f)	óo- (f)
(i-/í-) (x)	(u-/ú-) (x)	é- (x)	ó- (x)	ée- (x)	óo- (x)
(i-/í-) (y)	(i-/í-) (y)	é- (y)	é- (y)	ée- (y)	ée- (y)

C'est le préfixe de type III qui marque morphologiquement le bénéfactif. On comparera les phrases suivantes :

2) *Ne híre mo gus mumúruṭi.*
l'homme.ERG la femme.ABS l'a caressée
"L'homme a caressé la femme."

et

3) *Ne híre mo gúsmo mumámu móomuruṭi.*
l'homme.ERG la femme.GEN son.sein.ABS lui.a caressé
"L'homme a caressé le sein de la femme."

En 2), le préfixe de type I renvoie à la femme ; en 3) le préfixe renvoie également à la femme (on remarquera toutefois que ce terme occupe une position syntaxique différente et n'est pas au même cas), mais il est de type III. Cette caractéristique est nécessaire, sinon suffisante, pour marquer le bénéfactif. En effet, ce type de préfixe permet d'identifier également la causation. Il est fort probable que nous avons affaire, au départ, à un marquage bénéfactif et que le causé a dû finir par être considéré

2 Cf. Tiffou, É. (1999 : 193) : "Le bourouchaski peut marquer morphologiquement et syntaxiquement l'intérêt que prend à l'action un actant ou le possesseur d'un actant… La tournure bénéfactive est toujours caractérisée par la préfixation longue du verbe (sauf si l'on considère comme bénéfactive la tournure où un nom au datif avec valeur d'intérêt dépend d'un verbe sans préfixe long). La longueur du préfixe ne permet pas malheureusement à elle seule de caractériser le bénéfactif puisqu'elle peut également caractériser la causation."

comme le destinataire du procès.[3] Lorsque le marquage ne renvoie pas au causé, nous avons affaire, dans une tournure causative, à un marquage bénéfactif proprement dit. C'est ce que Tiffou et Richard Patry ont proposé dans leur article sur la double causation (Tiffou et Patry 1998 : 4. 1).

> On considérera que les cas où le préfixe renvoie au patient marqué à l'absolutif représentent une interférence entre le bénéfactif et le causatif. Les conditions dans lesquelles celle-ci se produit sont contraintes et nous n'avons pas pu en déceler les raisons. Il arrive toutefois que cette interférence ait lieu alors que le bénéficiaire n'est pas à l'absolutif. Nous n'avons pu dégager le principe qui déclenche ce genre de structure, mais, le plus souvent le bénéficiaire est affecté physiquement ou très intimement par le procès verbal.

On comprend dès lors le caractère nécessairement limité du critère morphologique. Chaque fois que l'on a affaire à un préfixe de type III, il faut en appeler à l'intuition des informateurs. S'il est des cas très clairs où le doute n'est guère permis, il en est où l'interprétation diffère d'un sujet à l'autre, sans que l'on puisse trancher avec assurance. Il faut donc se résoudre à progresser sur un terrain mouvant, en s'efforçant de déterminer les passages résistants où l'on ne risque pas de s'enliser.

3. LE CORPUS

Ce caractère évanescent et peu stable des données rend nécessaire une présentation du corpus sur lequel nous avons travaillé. Celui-ci comporte deux volets : les verbes non-périphrastiques et les verbes périphrastiques. Le bourouchaski ne crée plus de nouveaux verbes, sinon sous forme de périphrase, c'est-à-dire, sous une forme complexe composée d'un lexème et d'un verbe auxiliaire. Cependant, cette langue a gardé une importante population de verbes que les sujets parlants savent fléchir et qu'ils utilisent fréquemment. La situation des verbes non-périphrastiques du bourouchaski est comparable, à certains égards, à celle des verbes du troisième groupe du français. Pour ces verbes, le présent travail s'appuie sur un ensemble de phrases illustrant les emplois de chacun d'eux. L'initiative a été prise par

---

[3] E. Bashir (1985 : 12) et H. Berger (1998 : 123) font état d'une différence marquée entre le bénéfactif et le causatif. Selon la première, elle serait attestée à Aliabad et, selon le second, au Nager. Ces dialectes opposeraient à un bénéfactif du type *góečam* un causatif du type *góočam*. Il est clair que la première forme est la plus ancienne. Aussi, selon toute probabilité, cette opposition doit-elle être récente et témoigne-t-elle d'un effort pour distinguer deux constructions qui sont devenues synchroniquement très différentes. C'est ce que confirme H. Berger (1998 : 123), qui laisse entendre que la forme plus ancienne à été maintenue pour faire contraste avec la forme récente, effet d'une évolution phonétique bien connue de la langue.

Y. Morin en 1977. É. Tiffou devait poursuivre cette tâche en la complétant et en la vérifiant (1978, 1980, 1990, 1996). Avant le dernier contrôle, il avait procédé à une nouvelle vérification en collaboration avec Richard Patry, en 1993 et 1994. C'est au cours de cette année qu'ils ont, tous deux, constitué sur le même modèle un corpus de verbes périphrastiques qui a été vérifié par É. Tiffou, en 1996. Alors que le corpus des verbes non-périphrastiques comprend 270 verbes et compte 205 pages, celui des périphrastiques comprend 290 verbes et compte 152 pages. Cette différence s'explique parce que nous avons fait figurer dans la même entrée des verbes distribués supplétiquement. Dans l'ensemble, le corpus compte approximativement 5600 phrases, dont approximativement 220 sont bénéfactives. Si les corpus ont été organisés selon les mêmes principes, il ne faut pas toutefois oublier que celui des verbes non-périphrastiques tend à être fermé, alors que celui des verbes périphrastiques reste ouvert et est susceptible d'être considérablement augmenté.

4. LES DIFFÉRENTES TOURNURES BÉNÉFACTIVES

4.1. Les quatre tournures bénéfactives à construction ergative

L'étude du corpus nous a amenés à distinguer six tournures bénéfactives bien distinctes, qui peuvent être réparties en deux groupes. Alors que les quatre premières comportent une construction ergative, les deux dernières l'ignorent. Dans la première tournure le préfixe verbal renvoie à un nom qui, sans être un actant de la phrase, prend intérêt au procès. Ex. :

Verbe non-périphrastique	4) *Ne híre*	*ámeṣ*		*áaskarci.*
	l'homme.ERG	mon.doigt.ABS		m'a coupé
	"L'homme m'a coupé le doigt."			
Verbe périphrastique	5) *Ne híre*	*ašáq*	*maráq*	*áati.*
	l'homme.ERG	mon.bras.ABS	m'a brisé	
	"L'homme m'a brisé le bras."			

Dans cette tournure bénéfactive, très courante en bourouchaski, celui à qui arrivent, d'après les exemples ci-dessus, de pénibles épreuves physiques, se trouve être sémantiquement le destinataire du procès verbal. Au reste, ce type de tournure bénéfactive n'est possible que parce que l'effet du procès exige une médiation (le doigt en 4 et le bras en 5) entre le procès et son destinataire.

La deuxième tournure bénéfactive est censée ne pas impliquer cette médiation (même si, dans de très rares cas, il est possible d'en sous-entendre une) et le destinataire occupe une position d'actant. Elle est, au reste, plus ambiguë, car, de prime abord, on a du mal à la distinguer d'un causatif. Ex. :

Verbe non-périphrastique 6) *Ne híre bayáṣce mo gus*
l'homme.ERG plafond.sur la femme.ABS
domóocikini.
l'a pendue
"L'homme a pendu la femme au plafond."

Verbe périphrastique 7) *Ne híre mo gus paṭák móoti.*
l'homme.ERG la femme.ABS l'a renversée
"L'homme a renversé la femme."

Le premier des deux exemples est ambigu et peut s'interpréter de la façon suivante : "l'homme a fait pendre la femme." Ce problème sera envisagé plus en détail en 7.2.

Dans la troisième tournure à construction ergative, le préfixe verbal renvoie à un bénéficiaire à un cas indirect. Il s'agit, en fait, d'une variante de la tournure précédente. Le destinataire ne peut, à cause de la rection du verbe périphrastique, être à l'absolutif. L'ergatif est déterminé par la structure de la locution elle-même. Quoi qu'il en soit, cette tournure est tellement peu fréquente qu'on aurait pu la négliger. Il nous a semblé cependant essentiel de lui donner un statut à part pour montrer que le destinataire marqué comme bénéficiaire sans médiateur peut ne pas être à l'absolutif :

Verbe non-périphrastique 8) *Ne xábise mo gúsmuce móoci.*
le vaurien,ERG la femme.SUR l'a écrasée
"Le vaurien a écrasé la femme."

Verbe périphrastique 9) *Haɣóre jáace dápiski áati*
le cheval.ERG moi.SUR coup de pied m'a donné
"Le cheval m'a décoché une ruade."

La quatrième tournure comporte le datif et ne devrait pas faire l'objet d'une mention particulière si le verbe ne comportait un préfixe long, ce qui permet de la considérer comme vraiment bénéfactive. Ex. :

Verbe non-périphrastique 10) *Dáda Khána laplapú déewaškina.*
Dada Khan.DAT betteraves.ABS lui ai promis
"J'ai promis des betteraves à D. Kh."

Verbe périphrastique 11) *Sése jáɣa aadáp áaten*
les gens.ERG moi.DAT hommage m'ont rendu
"Les gens m'ont rendu hommage."

Cette tournure ne peut s'expliquer que parce que le nom au datif est considéré comme un actant impliqué nécessairement par le verbe dont il dépend, et dont la valeur de destinataire risque, de ce fait, de s'estomper. Le préfixe verbal a pour fonction de remettre cette valeur en lumière.

4.2. Les deux tournures bénéfactives à construction non-ergative

Le bourouchaski connaît deux tournures bénéfactives à construction non-ergative ; l'une est à un argument, l'autre en comporte au moins deux. Dans la première des deux, le préfixe long renvoie nécessairement au nom marqué à l'absolutif. Celle-ci est relativement bien attestée avec les verbes non périphrastiques ; en revanche les verbes périphrastiques n'en présentent aucune occurrence. Ex. :

Verbe non-périphrastique	12) *Ne*	*hir*	*déekaui.*
	l'	homme.ABS	est paralysé (à moitié)
	"L'homme est à demi paralysé."		

Dans la seconde tournure, le suffixe et le préfixe verbal ne sont pas coréférentiels :

Verbe non-périphrastique	13) *Arén*		*dáaɣai.*	
	ma.main.ABS		me démange	
	"Ma main me démange."			
Verbe périphrastique	14) *Mo*	*gúsmo (*mo gus)*	*tatáɣar*	*móoti*
	la	femme.GEN	fièvre	ça lui fit
	"La femme a eu la fièvre."			

Ces deux tournures posent chacune un problème théorique qu'il importe de résoudre. Pourquoi dans le premier cas y a-t-il coréférencialité du préfixe et du suffixe verbal ? Cela est fréquent en bourouchaski, mais devrait, en principe, ce qui n'est pas ici le cas, être exclu d'une tournure bénéfactive puisqu'en principe le bénéficiaire de cet avantage ne peut être que l'auteur. Ex. :

15) **Ne*	*híre*	*íya*	*émes*	*éeskarci.*
l'	homme.ERG	son propre	son.doigt.ABS	l'a coupé
"L'homme s'est coupé le doigt."				

Si la tournure (14) est correcte, c'est sûrement parce que le bénéficiaire n'est pas responsable de son bonheur ou de son malheur, mais qu'il ne fait qu'en subir l'effet.

Quant à la seconde tournure, l'absence d'ergatif peut, à première vue, surprendre dans la mesure où il n'y a pas coréférencialité, mais en fait cette absence se justifie, car, dans ce cas, l'élément auquel renvoie le préfixe est à un cas indirect ; les exemples sont clairs à cet égard :

16) *Čaṣ* *jáa (*jáace)* *áali.*
épine.ABS moi.GEN m'a piqué.
"L'épine m'a piqué."

Il ressort clairement de cet exemple que le pronom de la première personne, s'il est exprimé, ne saurait être à l'absolutif (la forme inessive *jáace* a été refusée au profit du génitif *jáa*)[4].

4.3. Récapitulation

Au terme de cette analyse, il est possible de schématiser les six tournures bénéfactives étudiées de la façon suivante :

1) SNe [Ngen SN]a ∸-V	4) SNe SNd SNa ∸-V
2) SNe [SN]a ∸-V	5) SNa [...] ∸-V
3) SNe SNcas ind. SNa ∸-V	6) SNa SN (cas variable) ∸-V

[4] Le causatif du verbe *d∸was-* offre des exemples de bénéfactif complexes, d'interprétation difficile. D'ailleurs, il n'est pas sûr qu'une phrase comme *Mo gus doró domóospasu* "La femme est écœurée à force de travail" soit acceptable pour tous les informateurs.
D'autre part, le verbe périphrastique *til ∸-l-* "oublier" n'a pu être rapporté à une des six tournures proposées. Dans les *Contes du Yasin*, Tiffou et Pesot (1989 : 150) font remarquer que le préfixe verbal renvoie au nom marqué à l'ergatif. Il s'appuient, pour ce faire, sur la fin du conte 12 (1989 : 109) : *noqás séni : méne akhúši nídel ušípena til óolum ban ?* "il éclata de rire et dit : "qui a pu oublier son pénis après l'avoir mis là ?" *Méne* est bien à l'ergatif, mais dépend-il de *nídel* ou de *til óolum ban* ? Une nouvelle vérification sur le terrain s'impose.

Dans ce schéma, la lettre notée après SN donne le marquage morphologique de ce syntagme ; quant au fléchage, en mettant en évidence la référence du préfixe verbal, il rend clairement compte de la variation des références d'une tournure à l'autre et permet de cerner aisément leurs oppositions.

5. ÉTUDE STATISTIQUE DES TOURNURES BÉNÉFACTIVES

Il y a lieu de distinguer les occurrences avec les verbes non-périphrastiques de celles avec les périphrastiques. Nous avons noté, pour une population de 272 verbes non-périphrastiques, 104 tournures bénéfactives qui représentent 38,24 % de l'ensemble. Pour les verbes périphrastiques, le pourcentage correspondant est de 20,43 %, soit 66 tournures bénéfactives pour une population globale de 328 verbes. Dans ce dernier cas, nous avons délibérément écarté 37 occurrences douteuses. Quant à la répartition des tournures dans chacune de ces catégories, on la trouvera présentée dans le tableau suivant :

Verbes non-périphrastiques			Verbes périphrastiques		
Tournure I :	37 occurrences	13,6%	Tournure I :	14 occurrences	4,29%
Tournure II :	33 occurrences	12,13%	Tournure II :	42 occurrences	12,8%
Tournure III :	1 occurrence	0,30%	Tournure III :	1 occurrence	0,3%
Tournure IV :	18 occurrences	6,62%	Tournure IV :	4 occurrences	0,3%
Tournure V :	18 occurrences	6,62%	Tournure V :	5 occurrences	1,52%
Tournure VI :	8 occurrences	2,95%	Tournure VI :	0 occurrence	0%

Globalement, le bénéfactif est plus fréquent avec les verbes non-périphrastiques qu'avec les verbes périphrastiques ; il n'en reste pas moins que, pour ces derniers, le nombre reste très significatif (20,43 %). On ne peut, de ce fait, considérer les tournures bénéfactives, ou tout au moins certaines d'entre elles, comme les témoins figés d'un état ancien.

À la vérité, en regardant de plus près la distribution des tournures, il est clair que seules les deux premières sont vivantes. On s'étonnera peut-être que la tournure I, la plus fréquente avec les verbes qui constituent le vieux fonds verbal, le soit beaucoup moins avec ceux de formation plus récente. C'est, d'ailleurs, chez ces derniers que l'on trouve la plus forte occurrence de la tournure bénéfactive II. Cela tient certainement à la nature du verbe auxiliaire *-t-* "faire", de loin le plus employé dans cette fonction. Quoi qu'il en soit, si les tournures IV et V atteignent un pourcentage significatif pour les verbes non-périphrastiques, il n'en va pas de même pour les périphrastiques ; cela suffit à prouver que celles-ci sont figées. On en dira autant des tournures III et VI dont les occurrences sont très faibles, et donc peu représentatives.

6. LE BÉNÉFACTIF ET SES CAUSES

6.1. Les trois critères sémantiques de la bénéfaction

Seules les deux premières tournures sont vivantes. Elles invitent donc à la réflexion, car leur situation semble considérablement évoluer et on dispose d'exemples assez nombreux pour en déceler le système. De fait, après avoir étudié systématiquement la population des verbes susceptibles d'avoir une tournure bénéfactive de type I ou de type II, il est apparu que trois traits pouvaient être retenus : 1) la bénéfaction met en cause l'état physique ou psychologique. S'il importe de distinguer ces deux traits sémantiquement, leur fonction opératoire est identique. Aussi nous est-il apparu préférable, pour des raisons de simplicité, de les fusionner par la suite dans notre étude statistique. Ex :

Tournure I (raison physique)

Verbes non-périphrastiques

17) *Dakṭáre* *gumému* *dokóopherčai.*
Le docteur.ERG tes.dents.ABS te les a arrachées
"Le docteur t'a arraché les dents."

Verbes périphrastiques

18) *Mo gúse* *gušák* *pharáṭ* *góotu.*
La femme.ERG ton.bras.ABS tordu te.l'a.fait
"La femme t'a tordu le bras."

Tournure I (raison psychologique)

Verbes non-périphrastiques

19) *Née* *as* *áaphaani.*
lui.ERG mon.CŒUR.ABS me gonfle
"Il me rend triste."

Verbes périphrastiques

20) *Mo gúse* *amóos* *áatu.*
la femme.ERG en colère m'a mis
"La femme m'a mis en colère."

Tournure II (raison physique)

Verbes non-périphrastiques

21) *Sigaréṭe* *áaxoskini*
la cigarette.ERG me fait tousser
"La cigarette me fait tousser."

Verbes périphrastiques

22) *Ne híre* *mo gus* *sírsir* *móoti.*
l'homme.ERG la femme.ABS frissonner l'a fait
"L'homme a fait frissonner la femme."

Tournure II (raison psychologique)	
Verbes non-périphrastiques	Verbes périphrastiques
23) *Harálte dáasaraŋgini.*	24) *Ne híre hehé áati.*
la pluie.ERG me déprime	l'homme.ERG de moi.s'est moqué
"La pluie me déprime"	"L'homme s'est moqué de moi."

2) La bénéfaction met en cause une raison matérielle qui, comme on le verra en 7.3.3., obéit à certaines contraintes. À cet égard, la nature du médiateur doit être prise en considération. Malheureusement, celle-ci ne se prête pas toujours à des analyses satisfaisantes et, dans ce domaine, il reste encore beaucoup à faire. Ex. :

Tournure I	
Verbes non-périphrastiques	Verbes périphrastiques
25) *Née jáa ainákišu.*	26) *?Mo gúse go šuqá*
lui.ERG moi.GÉN lunettes.ABS	la femme.ERG toi.GÉN cape.ABS
áagali	*con góotu.*
me les a cassées	te l'a coupé
"Il m'a cassé les lunettes."	"La femme a raccourci ton šuqa"
Tournure II	
Verbes non-périphrastiques	Verbes périphrastiques
27) *Mo gúse áaɣeeiu.*	
La femme,ERG m'a volé	Nil
"La femme m'a volé."	

3) la bénéfaction met en jeu l'espace ou le temps. Ce critère est susceptible de déclencher la construction bénéfactive seulement avec la tournure 2). Ex. :

Tournure I	
Verbes non-périphrastiques	Verbes périphrastiques
Nil	Nil
Tournure II	
Verbes non-périphrastiques	Verbes périphrastiques
28) *Ne híre jaŋálule.*	29) *Mo daséne mo gus*
l'homme.ERG forêt.LOC	la fillette.ERG la femme.ABS
góospalučimi	*paṭák móotu.*
te perdra	l'a renversée
"L'homme te perdra dans la forêt."	"La fillette a renversé la femme."

6.2. Présentation statistique de la répartition de ces critères

Il est clair que le critère physique/psychologique est très important pour les verbes non-périphrastiques aussi bien que périphrastiques. C'est ce qui ressort des deux tableaux suivants :

	Verbes non-périphrastiques	
	(Tournure I)	(Tournure II)
Critère physique/psychologique	28 (73,70%)	25 (73,60 %)
Critère matériel	10 (26,30%)	2 (5,90 %)
Critère espace-temps	0	7 (20,50%)

	Verbes périphrastiques	
	(Tournure I)	(Tournure II)
Critère physique/psychologique	10 (77%)	27 (64,60 %)
Critère matériel	3 (23%)	0
Critère espace-temps	0	15 (35,40%)

Ces deux tableaux mettent clairement en lumière un élément important : le critère espace-temps ne s'applique que dans le cas de la tournure II. On aurait un effet miroir avec le critère matériel si les verbes non-périphrastiques ne présentaient deux occurrences mettant en jeu celui-ci. On peut toutefois tourner cette difficulté en avançant que les deux verbes *γé-* "voler" et *d-čan-* "manquer de quelque chose d'essentiel" peuvent impliquer une maléfaction fondamentale où l'élément médiateur peut passer pour accessoire. Il n'en demeure pas moins qu'avec "voler", il faut bien comprendre que quelque chose a été volé au bénéficiaire, et que ce n'est pas le bénéficiaire qui a été volé (comme on pourrait le faire si on volait quelqu'un pour le réduire en esclavage). Il en va de même pour "manquer" : ce qui manque, ce n'est pas le bénéficiaire, mais une chose que le bénéficiaire aurait aimé avoir, ou qu'il a eue dans le passé. Aussi est-il préférable de ne pas retenir ces explications et de renoncer à obtenir un effet symétrique.

Les leçons de cette étude restent, néanmoins significatives. Le critère matériel joue un rôle très secondaire dans la tournure II, car celle-ci ne fait jamais intervenir directement de médiateur. Dans les deux occurrences où ce critère joue, il se trouve que le procès verbal implique un deuxième argument sous-entendu ; dans le cas du verbe "voler", il faut poser un élément susceptible d'être dérobé et dans celui d'"être en manque", un besoin ou un élément essentiel. En revanche, dans la tournure I, le médiateur se définit mal par rapport à un critère espace-temps ; il se doit d'être un élément, concret ou non, intimement lié à la personne affectée.

7. Les emplois du bénéfactif

7.1. Le bénéfactif et l'alternance des tournures

En principe, la nature sémantique d'un verbe susceptible d'avoir un emploi bénéfactif le lie à une des tournures ci-dessus déterminées. Ce serait, toutefois, une erreur de considérer que, dans un cas donné, une tournure s'impose à l'exclusion de toute autre. Et de fait, on a pu noter plus d'une dizaine de cas où l'alternance de tournures était possible, et ce, avec un verbe non-périphrastique aussi bien que périphrastique (encore que dans ce cas les occurrences soient moins nombreuses). Ex. :

30)	*Ne híre*	*go*	*ainákišu*	*góoɣeei.*
	l' homme.ERG	toi,GEN	lunettes.ABS	t'a volé

"L'homme t'a volé les lunettes."

31)	*Ne híre*	*áaɣeei.*
	l' homme.ERG	m'a volé

"L'homme m'a volé."

32)	*Gurén*	*dokóoɣai.*
	ta.main.ABS	te démange

"Ta main te démange."

33)	*Multáne*	*go*	*gurén*	*dokóoɣai*
	sang.ERG	toi.GEN	ta.main.ABS	te démange

"Le sang te démange à la main."

34)	*Ne híre*	*mo*	*gúsmoɣa*	*cadár*	*doh móoti.*
	l' homme.ERG	la	femme.DAT	châle.ABS	place lui a fait

"L'homme a mis le châle à la femme."

35)	*Ne híre*	*mo*	*gus*	*cadáryaṭe*	*doh*	*móoti.*
	l' homme.ERG	la	femme.ABS	châle.dans	place	lui a fait

"L'homme a enveloppé la femme dans le châle."

Les quatre premiers exemples illustrent cette alternance avec des verbes non-périphrastiques et les deux derniers, avec un verbe périphrastique. Tous ces exemples présentent un autre intérêt puisqu'ils permettent de relever des alternances entre des tournures variées. Ainsi le premier couple oppose à une tournure I une tournure II ; le deuxième, à une tournure VI, une tournure I, et le troisième, à une tournure IV, une tournure II. Cette diversité, apparemment complexe, s'explique aisément. On sait qu'un verbe peut en cacher un autre, c'est-à-dire qu'alors qu'on croit avoir affaire à un même verbe, il s'agit en fait de deux verbes opposables par leur nombre d'arguments. Ainsi en français, on distingue aisément "Jean ne parle plus à Pierre" de "Jean ne parle plus à Pierre de la pluie et du beau temps." Dans le premier cas, on comprend que Jean et Pierre sont fâchés (le verbe est à deux arguments), tandis que, dans le second cas, ils ont changé de sujet de conversation (le verbe est à trois arguments). Ainsi, la tournure bénéfactive change avec la nature du verbe, dans la mesure où dans chaque cas cette tournure est possible.

7.2. Les cas d'emploi facultatif du bénéfactif

Il est clair que le bénéfactif n'est possible que dans les cas où le destinataire est susceptible d'être intéressé et que l'un des trois critères que nous avons dégagés est respecté. Il n'en reste pas moins qu'il est des cas tangents qui requièrent une explication, mais celle-ci ne peut être donnée qu'au cas par cas. Le problème se pose surtout avec la tournure de type I. Le rôle dévolu au médiateur est, à cet égard, capital. Si l'on considère que celui-ci n'est pas de nature à intéresser le destinataire, la tournure bénéfactive est prohibée ; dans le cas contraire, celle-ci pourra être de règle.

Quoi qu'il en soit, il arrive que les conditions semblent être remplies et que le bénéfactif ne puisse être employé. Il se peut que l'analyse proposée ne soit pas exacte ou qu'elle repose sur une interprétation qui n'en exclut pas d'autres pour autant. Le verbe *capán-* "coudre" offre une illustration intéressante de ce cas. On s'attendrait à ce qu'une phrase comme :

36)	*Dakṭáre*	*mo*	*gúsmo*	*muúl*	*móocapani.*
	docteur.ERG	la	femme.GEN	son.ventre.ABS	elle coudre.3sgh

ait une valeur bénéfactive et que sa signification soit la suivante : "le docteur a cousu le ventre de la femme". Or les informateurs ont refusé cette interprétation et ont tous vu dans cette phrase un causatif, dont le sens était le suivant : "le docteur a fait coudre (à une infirmière ou toute autre personne de sexe féminin) le ventre de la femme." Il est possible que cette pratique médicale ait été tardivement connue et que son caractère insolite lui ait valu un traitement particulier dans la langue. En fait le problème est plus complexe, puisqu'avec le même verbe, les vêtements peuvent servir de médiateur :

37)	*Mo*	*gúse*	*go*	*puṣ*	*dokóolturu.*
	La	femme.ERG	toi.GEN	chemise.ABS	te l'a décousue

"La femme t'a décousu la chemise."

Certes, cette phrase peut également avoir une valeur causative, mais les deux sont possibles. Pourquoi n'est-ce pas le cas avec "coudre" ? Lors des premières enquêtes, les informateurs étaient très catégoriques. Ils le semblaient moins récemment. Avions-nous, dans ce cas, procédé d'une façon trop orientée au moment des enquêtes antérieures ? Y a-t-il une normalisation qui tend à s'opérer ? Il est difficile d'y répondre, mais ces quelques considérations montrent qu'il est des zones grises d'interprétation difficile.

Un dernier problème se pose ; là où le bénéfactif est d'emploi sûr, il est des cas où il est obligatoire et d'autres où il est facultatif. Ex. :

38) *Dakṭáre amému dúpherčai.*
docteur.ERG mes.dents.ABS les a arrachées
"Le docteur a arraché mes dents."

39) *Dakṭáre amému dáapherčai.*
docteur.ERG mes.dents.ABS me les a arrachées
"Le docteur m'a arraché les dents"

En revanche, avec un verbe comme *du-xáxaur-* "gercer", seul le bénéfactif est possible :

40) *Céle aréiŋ dáaxaxauri.*
eau.ERG mes.mains.ABS me l'a gercée
"L'eau m'a gercé les mains."

41) **Céle aréiŋ duxáxauri.*
eau.ERG mes.mains.ABS a gercée
"L'eau a gercé mes mains."

Il semblerait que l'alternance soit possible lorsque le verbe a une valeur active, et non le contraire.[5] C'est bien ce qu'illustrent clairement les exemples qui viennent d'être donnés. On notera bien une ou deux exceptions, mais cette règle semble valide pour la plupart des verbes non-périphrastiques ; pour les périphrastiques, la situation est plus confuse et il est difficile de dire actuellement s'ils permettent de vérifier l'interprétation proposée pour les autres verbes.

5 Sur l'opposition actif-non actif, voir G.A. Klimov (1974) et E. Bashir (1985 : 8 sq.), qui tirent de celle-ci d'intéressantes interprétations relatives au bourouchaski.

Il reste, avant d'en finir avec les emplois du bénéfactif, à traiter d'une fausse alternance. Certains verbes peuvent se présenter ou non avec la tournure bénéfactive, mais, contrairement à ce qui vient d'être vu, la situation est différente. Ex. :

42) *Ne híre yé múkulčum bái.*
l' hommeERG son.fils.ABS emmaillotte
"L'homme emmaillotte son fils."

43) *Ne híre mo gúsmo muren móokulčum bái.*
l' homme,ERG la. femme.GEN sa.main.ABS la lui enveloppe
"L'homme enveloppe la main de la femme."

Le verbe *múkul-* fait partie d'une série de verbes avec lesquels le bénéfactif n'est possible qu'avec un médiateur, la plupart du temps une partie du corps. Cette restriction est intéressante et il faudrait dégager les raisons sémantiques qui font de la présence d'un médiateur la condition nécessaire pour qu'il y ait construction bénéfactive. On aurait à poser dans ces verbes, du moins lorsque les parties du corps sont concernées, un trait sémantique de localisation. Dans les autres cas, la question reste en suspens.

7.3. Bénéfactif et causatif

Au début de ce travail, nous notions que les bénéfactifs et les causatifs se partagent un marquage morphologique. On ne s'étonnera donc pas qu'il y ait une zone d'interférence entre ces deux constructions. On trouve, de ce fait, trois types de figures : seule la construction causative est possible (c'est le cas le plus fréquent) ; seule la construction bénéfactive est possible (ce cas est rare) ; il y a concurrence entre les deux tournures. Il importe de voir, dans ces conditions, quelles règles peuvent rendre compte de cette répartition.

7.3.1. Les cas non-ambigus

Les cas qui n'admettent que la tournure causative renvoient aux analyses précédentes, où l'on s'efforce de déterminer les conditions d'exclusion du bénéfactif. Quant aux cas qui excluent le causatif, ils sont relativement limités. On compte six verbes à tournure non-ergative, dont un périphrastique (*d-̣-ɣa- -ç-* "démanger"[6],

---

[6] En fait, le verbe *d-̣-ɣa- -ç-* "démanger" a une double tournure : *arén dáaɣai* "Ma main me démange" et *multáne jáa aren dáaɣai* "Le sang me démange à la main." La première tournure relève du type I ; quant à la seconde, elle relève du type VI. Cela est dû à la nature du verbe, qui eut sémantiquement être considéré comme un verbe actif ou un verbe passif ; la concurrence de ces deux tournures rend compte du changement de point de vue.

d-hurúṭ- -š- "se plaire, demeurer", *--l- -č-* pl. *--lja- -č-* "piquer", *d--main- -nč-* "être ankylosé, avoir des fourmis", *d--sal- -č-* "sentir, se rendre compte", *tatáɣar --t-* "avoir la fièvre"). Il convient d'en ajouter un petit nombre où le causatif est bloqué pour des raisons sémantiques (*du-xáxaur- -č-* "gercer"). Il s'agit donc d'un groupe marginal dont la plus grande partie est le vestige d'un état de langue disparu. Les rapports du bénéfactif et du causatif invitent donc, une fois de plus, à l'examen des tournures I et II, qui sont les seules réellement vivantes.

7.3.2. L'ambiguïté de la tournure II

La plupart des bénéfactifs de tournure II présentent une certaine ambiguïté. La raison en est que, dans tous les cas, les verbes sont transitifs et que le bénéficiaire apparaît comme directement affecté par le procès verbal. Mais la phrase peut apparaître comme une causative dérivée sur une base intransitive. Ainsi, "l'homme pend la femme" peut être interprété comme une causative dérivée sur une base du type "la femme pend" et devrait alors être compris de la sorte : "l'homme fait que la femme pende". Que l'on considère ici qu'on a affaire à un causatif ou à un bénéfactif, on remarquera que le sens reste le même et qu'il s'agit seulement d'une affaire d'interprétation. On verra que ce n'est pas le cas dans la section suivante, où l'on distingue clairement le bénéfactif du causatif ; dans le premier cas, celui qui fait l'action est celui qui en est responsable et qui a pris sur lui l'autorité de le faire ; dans le second cas, celle-ci est assurée par quelqu'un d'autre. La causation qui est l'effet d'une transitivation ne crée pas d'ambiguïté ; ce n'est pas ce qui se passe avec la double causation. Cependant, la tournure II peut présenter parfois cette double valeur. Une phrase comme :

44) *Ne híre bran éečaɣalti.*
l' homme.ERG bélier.ABS l'a castré
"L'homme a castré le bélier."

peut s'entendre de deux façons : "l'homme a castré le bélier" ou "l'homme a fait castrer le bélier." Le contexte permet, en principe, de trancher mais, si besoin est, il est possible d'ajouter divers types de glose comme *ye déwaqal* "donnant de l'occupation à son fils", ce procédé permettant de lever toute ambiguïté :

45) *Ne híre ye déwaqal bran éečaɣalti.*
l' homme.ERG son.fils.ABS occuper.NOM4 bélier.ABS l'a fait castrer
"L'homme a fait castrer le bélier à son fils."

Quoi qu'il en soit, la forme de base n'est ambiguë que pour son interprétation. Faut-il y voir au départ un causatif ou un bénéfactif ? La dernière explication s'impose, car l'on sait qu'à l'origine le préfixe de type III n'est devenu causatif que parce que le causé était considéré comme bénéficiaire ; mais, surtout dans une phrase, comme celle donnée en 46), il apparaît à l'évidence que le transitif n'est pas dérivé, mais bien plutôt l'intransitif. C'est à partir d'une telle situation que l'on peut considérer que les tournures sont, à quelques exceptions près, bénéfactives ; et il est normal, dans ces conditions, bien que cela ne soit pas toujours justifié, que l'on procède à une généralisation donnant, dans la tournure II, la préférence au bénéfactif sur le causatif.

7.3.3. L'ambiguïté de la tournure I

Les tournures I présentent, en tenant compte des mises au point qui viennent d'être données, la même ambiguïté que celle décrite pour la tournure II. Ainsi des phrases comme :

Verbes non-périphrastiques

25)	*Née*	*jáa*	*ainákišu*	*áagali.*
	lui.ERG	moi.GÉN	lunettes.ABS	les a cassées

Verbes périphrastiques

5)	*Ne híre*	*ašáq*	*maráq áati.*
	l' homme.ERG	mon.bras.Abs	l'a tordu

peuvent aussi bien se comprendre de façon bénéfactive : "Il m'a cassé les lunettes", "l'homme m'a brisé le bras" que de façon causative : "Il lui a fait me casser les lunettes", "L'homme lui a fait me briser le bras." Cependant, il est des cas où, pour un même verbe, les informateurs s'entendent à ne voir qu'une valeur causative ou bénéfactive et d'autres, où les deux valeurs sont possibles. Ce qui pourrait passer pour une inconsistance pourrait s'expliquer à partir de la conscience que le sujet parlant peut avoir du médiateur. Dans des cas lexicalisés, le bénéfactif sera requis ou exclu. En revanche, lorsqu'il y a zone grise, l'emploi de celui-ci concurrencera celui du causatif. Il est intéressant de noter que certains informateurs acceptaient la tournure bénéfactive pour le verbe *gál-* "briser" avec le médiateur "lunettes", mais le refusaient avec "tasse", distinguant ainsi entre les médiateurs des degrés d'implication plus ou moins grands par rapport au bénéficiaire. Malheureusement, deux ans plus tard, les mêmes informateurs se refusaient à faire cette même distinction et donnaient seulement une valeur bénéfactive à une phrase comme :

46) *Mo gúse go pialá góogalu.*
la femme.ERG toi.GEN tasse.ABS a brisé
"La femme t'a cassé la tasse."

Néanmoins, cette hésitation est significative et montre bien le rôle que le médiateur est appelé à jouer dans une tournure bénéfactive. La nature de ce médiateur reste toutefois problématique, et il est clair que, dans la plupart des cas, celui-ci intéresse très étroitement celui qui est affecté ; aussi comprend-on mal pourquoi la tasse lui serait aussi intimement associée, et pourtant, dans ce cas, la tournure bénéfactive est de règle. Il se pourrait que l'emploi du bénéfactif avec certains médiateurs ait été prédominant pour un verbe donné et que la tournure qu'il imposait se soit généralisée. Autrement, force nous est d'admettre que la valeur du médiateur n'est pas aussi évidente qu'on le souhaiterait. Il se peut que nous ayons là la trace figée d'un système plus ancien et plus libre, qui nous échappe.

8. CONCLUSION

Le bénéfactif en bourouchaski est complexe ; il présente un ensemble de vestiges d'un état de langue ancien et de tournures vivantes dont la langue s'entend toujours à tirer parti. L'existence de cette construction avec les verbes périphrastiques est une preuve, s'il en est besoin, de sa vitalité. Malheureusement, s'il est possible de poser les règles d'admissibilité du bénéfactif, il n'est pas toujours possible de le faire avec suffisamment de précision pour être totalement prédictif. Il n'est pas aisé de voir pourquoi, avec le verbe "raccourcir" et avec un vêtement en fonction de médiateur, il est permis d'avoir une tournure bénéfactive, mais non avec le verbe "coudre". Une erreur d'enquête n'est pas toujours à exclure et il se peut qu'une phrase comme "l'homme a cousu le pantalon de la femme" soit repoussée avec horreur soit parce qu'il est inconcevable qu'un être de sexe masculin puisse s'abaisser à de pareils travaux, soit parce que l'on ne saurait imaginer qu'il puisse avoir accès à des effets aussi intimes. Il se peut que, comme nous le suggérions ci-dessus, la tournure avec certains médiateurs se soit généralisée pour un même verbe, que ce soit au profit du bénéfactif ou à son détriment. Il se peut également que le médiateur ait des contraintes qui échappent aussi bien à ceux dont le bourouchaski est la langue maternelle qu'à ceux qui l'étudient. Quoi qu'il en soit, l'enquête qui a été menée durant plus de deux décennies nous a amenés à nous rendre compte qu'il y a tendance à la simplification et à la systématisation. Le bénéfactif n'est pas prêt de disparaître ; il se peut même que l'effort de cohérence dont font preuve les locuteurs du bourouchaski lui donne une assise encore plus solide et lui assurent une stabilité qui pouvait paraître jusque-là lui faire défaut.

BCILL 113 : *Bourouchaskiana*, 83-96

HEṬ ET *TEṢ* : TRADITION ET CONFLIT DANS *SÁREČI*[1] DE SITARA FARMAN

Hugh VAN SKYHAWK
Johannes Gutenberg-Universität Mainz

Le riche vocabulaire du bourouchaski pré-moderne connaît un déclin rapide causé par des changements fondamentaux dans l'environnement social, politique et économique où cette langue est parlée (v. Berger 1992). Mais, en même temps, par un heureux effet, ces mêmes changements ont entraîné un usage accru de celle-ci. Georg Budruss (1983 : 231-244) a le mérite d'avoir été le premier à attirer l'attention des chercheurs sur l'apparition de formes écrites de langues du Karakoram et de l'Hindou-Kouch, qui jusque-là étaient exclusivement orales. Dans un article récent (van Skyhawk 1998), j'ai analysé des exemples d'un genre nouveau de l'oralité en bourouchaski, le champ satirique. Je me suis également attaché à étudier la façon de le transmettre par enregistrement sur cassette pour magnétophone. Dans cet article, nous prendrons en considération un nouveau genre de communication d'œuvres artistiques en bourouchaski : l'émission radiophonique.

Comme tous les sujets d'émission de la radio pakistanaise, ceux du poste de radio de Gilgit en langue bourouchaski doivent satisfaire un certain nombre d'exigences imposées par le contexte multireligieux dans lequel ils sont entendus : 1) ils seront islamiques sans être sectaires ; 2) ils ne doivent pas troubler les relations de la communauté ; 3) ils doivent promouvoir l'unité nationale ; 4) ils doivent être intéressants. À cela s'ajoute un cinquième critère propre aux émissions en

---

[1] Cette étude n'aurait pu être écrite sous sa présente forme sans l'aide de mon associé de recherche sur le terrain, Inam Karim, fils de Ghulam Murtaza, originaire d'Altit au Hounza. C'est par son truchement que j'ai pu accéder à un contact intime avec, entre autres pièces en bourouchaski, celle dont il est question dans cet article.

bourouchaski : 5) ils doivent surmonter les différences linguistiques, sociales et religieuses entre le bourouchaski du Hounza — dont les sujets parlants, qui sont majoritairement des ismaéliens nizaris, ont reçu une instruction formelle plus poussée, connaissent un mode de vie plus moderne, et sont dans l'ensemble plus prospères grâce au tourisme et à des programmes d'aide au développement — et le bourouchaski du Nager, dont les sujets parlants sont chiites duodécimans, qui se refusent, par voie de conséquence, à modifier les rôles traditionnellement attribués aux deux sexes, à changer leur mode de vie qu'ils perçoivent comme le plus conforme à l'islam, qui, de plus en plus, s'identifient aux autres Chiites du Pakistan et qui, conformément à ceux qui appartiennent à une minorité menacée, ont moins bénéficié que les autres de programmes d'aide au développement et sont ainsi moins prospères.

En dépit de telles contraintes, les émissions de radio en bourouchaski connaissent un franc succès aussi bien au Hounza qu'au Nager. Cela s'explique par le choix sagace des thèmes ayant trait à la vie dans une époque de changement, qui eût été inimaginable il y a à peine une génération ; tel est le cas des problèmes familiaux de santé, des soins à donner aux enfants, des traditions et de la modernité dans la vie familiale, de l'impact des méthodes modernes d'agriculture sur l'exploitation de la terre selon les coutumes traditionnellement en honneur ; tel est le cas également des règlements hors justice des conflits. Toutefois, une orientation conforme au service d'une idéologie politiquement correcte ne saurait, à elle seule, attacher les auditeurs devant leur radio et les pousser à réclamer que l'on rediffuse encore et encore de tels programmes. L'expression acoustique est appelée à jouer un rôle important par son pouvoir d'évocation proche de la vie de tous les jours, par des dialogues spirituels qui donnent chaud au cœur, par l'usage d'expressions idiomatiques étayées par des traits paralinguistiques, tels que le volume et le ton de la voix, l'intensité de la respiration, le tempo du discours et le degré de clarté dans l'énonciation. Comme dans d'autres représentations, tels la scène ou le film, les composantes d'une œuvre radiophonique à succès se fondent en une unité complexe qui incite l'auditeur à renoncer à son incrédulité et à considérer ce qu'il entend comme véritable. Étant donné qu'elles sont étroitement proches de la réalité, ces composantes d'une représentation requièrent, de toute analyse qui leur est consacrée, une compréhension de la situation sociale dans laquelle elles révèlent leur signification inhérente.

Pour donner chair à la discussion précédente, le reste de cette étude sera consacré à l'analyse de la populaire pièce radiophonique *Sáreči* écrite par Sitara Farman, un maître d'école d'Aliabad au Hounza. L'intrigue de *Sáreči* repose sur le conflit qui survient dans un village imaginaire de sujets parlant le bourouchaski quand une innovation dans l'élevage, l'introduction d'une nouvelle race de chèvres en provenance du Tajikistan, capables de sauter par dessus les clôtures d'épineux, menace le succès d'innovations agricoles, comme l'introduction de fruits importés et de plantes fourragères. Le propriétaire des chèvres, du nom de Phultúniṣ ("Monsieur Soufflet"), patronyme qui caractérise de façon allégorique l'art qu'a ce personnage d'envenimer ses relations avec ses voisins, profite abusivement d'une ancienne coutume agricole connue aussi bien au Hounza qu'au Nager ; il s'agit du *heṭ*, qui consiste à permettre, en automne, au cheptel de pâturer librement dans les champs récoltés. Après que des remontrances répétées, allant jusqu'à des violences physiques opposant l'intéressé à un voisin dans un combat à coups de poings, et que la menace d'un recours en justice ne sont pas parvenues à convaincre Phultúniṣ de s'amender, cinq de ses voisins, dont une parente, forment un *pañčāyat*, c'est-à-dire un groupe d'arbitrage de cinq personnes, connu en Asie du Sud depuis la nuit des temps, et infligent une punition à Phultúniṣ en cachant ses chèvres, quinze jours durant, avec l'espoir qu'il se repentira de son obstination. En agissant ainsi, les voisins recourent à un procédé d'arbitrage plus vieux que l'*adālat*, le tribunal du souverain, ou que le système du *lambardār*, selon lequel le jugement est rendu par les membres du clan.

Phultúniṣ se repent et accepte finalement de verser une somme à ses voisins pour les indemniser des dommages causés par ses chèvres envahissantes. L'harmonie est rétablie dans la communauté, car ses membres ont prêté les serments traditionnels au lieu de recourir au verdict d'une cour ou à la résolution du conseil du village. Il est intéressant de noter qu'en imposant à Phultúniṣ sa punition, le *pañčāyat* témoigne qu'il est bien conscient que celle-ci ne doit être ni excessive, ni satisfaire à une vengeance personnelle, mais seulement amener Phultúniṣ à se conduire conformément à l'intérêt de la communauté des villageois (ligne 339).

Quant au village de *Sárēči*, il est situé entre 1500 et 2500 mètres d'altitude. Aussi est-il économiquement plus important de planter des arbres fruitiers ou des plantes fourragères que de procéder à des innovations en matière d'élevage. Si le village avait été à 2700 mètres, son économie eût été différente, puisqu'à cette altitude, il n'y a annuellement qu'une moisson au lieu de deux ; dans ces conditions, il est évident que la population est surtout dépendante de l'élevage des yaks, des chèvres et des moutons ainsi que de la chasse. Dans un tel village, l'introduction d'une nouvelle race de chèvres aurait primé sur les techniques de culture des arbres fruitiers ou des plantes fourragères. Comme, aussi bien au Hounza qu'au Nager, les villages, dont l'économie repose sur la culture des arbres fruitiers et sur deux récoltes par an, sont plus nombreux que ceux de haute altitude dont l'économie repose sur l'élevage et une récolte annuelle, le cadre de la pièce radiophonique et le conflit, qui en est l'objet principal, seront aisément compris par la majorité des sujets parlant bourouchaski, qu'ils soient du Hounza ou du Nager. Il faut toutefois compter avec des exceptions, dont font notamment partie les villages de Šimšaal au Hounza et de Hispar au Nager, situés tous deux entre 3000 et 3500 mètres d'altitude.

En dépit des correspondances économiques entre le Hounza et le Nager, l'auteur et les acteurs de *Sáreči* doivent venir à bout de difficultés dues aux différences linguistiques et religieuses entre les sujets parlant bourouchaski dans ces deux régions. Les acteurs devraient-ils parler le dialecte du Hounza ou celui du Nager ? De façon étonnante, ils parlent les deux dialectes. Des six, qui jouent dans la pièce, deux sont de Nager, deux de Hounza et deux de Danyor. Chacun parle sa propre langue, comme si les personnages vivaient dans un village où celle-ci était parlée à côté des autres, dans la vie de tous les jours. La mention du *Kalimah* (278), la profession de foi dans l'islam et les prières obligatoires, *namāz* (281), situent clairement la pièce dans un contexte social musulman. Mais des termes marquant clairement des différences culturelles ou religieuses, comme *masjid, imām bārah, jamāt khāna,* qui désignent respectivement les maisons de prière pour les Sunites, les Chiites et les Ismaéliens, sont judicieusement évités ; on parlera de prières, mais sans faire allusion à l'endroit où elles ont lieu. Ainsi l'imaginaire *Sáreči* contrôle tout ce qui, dans la réalité sociale, divise, et les auditeurs acceptent ces aménagements au profit d'une signification plus profonde de la réalité que le drame charrie.

Assurément, ce n'est pas pour une petite part que *Sáreči* doit son succès aux généreux morceaux d'humour qui agrémentent les vives réparties entre Phultúniṣ et ses voisins aux noms allégoriques, Supálo ("Monsieur Riche-en-Blé"), Sugúulo ("Monsieur Diligence"), Mayún ("Monsieur Loriot"), Búbo (?) et Hayaati, la parente à la langue bien pendue de Phultúniṣ. Tout cela soutient l'intérêt de l'auditeur tout au long des trois périodes de l'émission. *Sáreči* commence, dans le vif, avec Supálo le premier des voisins de Phultúniṣ, qui vient s'en prendre à lui. Dès le premier dialogue, la voix arrogante et la diction de ce dernier mettent en évidence la solidarité du village et la rupture des communications entre les intéressés :

1. Phultúniṣ : Toi ici ! Comment t'appelles-tu ? J'ai oublié ton nom. Es-tu Sugúulo ("Monsieur Diligence"), sinon quel *-úuy̱o* es-tu ?[2]

2. Sugúulo : La paix soit sur toi, grand frère ! Tu ne t'es pas trompé en m'appelant "Monsieur Diligence".

3. Phultúniṣ : La paix soit aussi sur toi. Puisses-tu recevoir dix-sept bénédictions.[3] Pourquoi as-tu enfermé mes chèvres ?

4. Sugúulo : O grand frère ! Ai-je mal fait d'enfermer tes chèvres jaunes ?

5. Phultúniṣ : Quoi ?

---

2 Il est fait ici allusion à *agúuy̱o* ("Monsieur La Paresse").

3 Littéralement "Puissent dix-sept *saláam* être sur toi."

6. Sugúulo : Ai-je eu tort de les enfermer ?

7. Phultúniṣ : Oh ! À part le droit que tu t'arroges de les enfermer, y a-t-il une autre raison ?

8. Sugúulo : Bien sûr que non ! Tu profites de leur lait et c'est moi qui les nourris pour toi ! J'ai fait une faute ! Une grande faute ! Voyons ! Reprends tes esprits ! Allons !

9. Phultúniṣ : C'est bien ce que je fais. Que veux-tu de plus ?

10. Sugúulo : Je suis dans une situation difficile ; j'ai fait de grosses dépenses pour faire venir des pommiers de Beyrouth.

11. Phultúniṣ : Serviteur ![4]

12. Sugúulo : J'ai employé mes forces vives et mon bien à faire venir des grenades de Turquie. Elles ne poussent pas d'elles-mêmes !

13. Phultúniṣ : Pourquoi pas ? Pourquoi pas ?

14. Sugúulo : J'ai fait venir des acacias d'Angleterre pour mes moutons et mes chèvres. On dit que leurs feuilles sont bonnes pour ces bêtes.

15. Phultúniṣ : Serviteur !

16. Sugúulo : Tu comprends maintenant ?

17. Phultúniṣ : Serviteur ! Continue ! Continue !

18. Sugúulo : Regarde en bas ! Il y a un jardin verdoyant, n'est-ce pas ? J'ai fait venir dans ce jardin de l'herbe de Suisse ! J'ai fait venir les graines pour faire pousser la même qualité d'herbe que là-bas.

19. Phultúniṣ : Pourquoi pas ?

20. Sugúulo : Tout cela...

21. Phultúniṣ : As-tu fini ? C'est à mon tour maintenant ! J'ai fait venir ces chèvres du Royaume des Fées[5], n'est-ce pas ? Et maintenant, je vais en faire venir davantage !

---

[4] Littéralement “Puissé-je être sacrifié pour toi !” Cette formule ne doit pas être prise, bien entendu, au pied de la lettre.

[5] Dans le texte. on a *Paristáan* (lit. Pays des fées”) ; il s'agit du Tadjikistan.

22. Sugúulo : Serviteur. Et alors ? Si tu les fais venir du Royaume des Fées, tu dois les installer dans un royaume des Fées, et non au beau milieu de mes arbres !

23. Phultúniṣ : L'homme admirable que voilà ![6]

24. Sugúulo : Oh ! Tes chèvres ne sont pas des chèvres ! Ce sont des loups ! Elles mettent à nu le tronc de mes arbres ! Elles mettent à nu tout ce que tu peux imaginer[7] !

25. Phultúniṣ : C'en est trop ! Tais-toi ! C'en est assez ! Nous allons appeler quelques voisins, amener les chèvres, leur donner à manger et nous demanderons : "Ô grand frère ! Sont-ce des chèvres ou des loups ? Et si l'un d'eux dit que ce sont des chèvres, je t'écraserai la tête. D'accord ?

26. Sugúulo : Elles ont des têtes de chèvres, mais se conduisent comme des loups.

27. Phultúniṣ : Stupide ! Absolument stupide !

28. Sugúulo : Et toi ! Tu es comme tes bêtes !

29. Phultúniṣ : Montre que tu es un homme, mon frère ! Regarde ! Les animaux ont été créés par Dieu pour être libres, mais toi, tu les a enfermés !

30. Sugúulo : L'homme admirable que voilà ! ! Il y a des règles pour limiter la liberté !

31. Phultúniṣ : Hein ! Ce qui est libre devrait être enfermé ! Tu as laissé les chiens en liberté, alors qu'ils devraient être enfermés, mais tu as enfermé mes chèvres, alors qu'elles devraient être libres !

32. Sugúulo : Vois à tes chèvres ! Si un chien survient, alors enferme-le ! Mais je ne laisserai pas tes chèvres en liberté dans mon jardin !

33. Phultúniṣ : Ce serait mieux pour toi de les laisser sortir maintenant. N'est-ce pas ? Regarde, mon bon ami ! Elles ont été enfermées depuis le matin. Comment vais-je boire leur lait maintenant !

---

6 Littéralement "O lumière de mon œil !"

7 Nous avons affaire à une expression toute faite du type "n'importe quoi" ; cf. bourouchaski du Nager *esaalés*.

34. Sugúulo : D'accord ! Écoute-moi bien. J'ai du respect pour toi. Mais garde-toi bien d'en abuser. Cette fois, je vais les laisser aller pour te faire plaisir. Mais si tes chèvres reviennent, tu pourras faire une croix dessus !

35. Phultúniṣ : Non ! Ce n'est pas juste ce que tu dis. Tu devrais, toi-même, protéger tes champs, tes jardins et tes arbres si coûteux ! Tu n'as pas le droit de retenir et d'enfermer mes chèvres !

36. Sugúulo : Si je dois protéger mes herbages et mes jardins, tu dois alors protéger tes chèvres !

37. Phultúniṣ : Mon bon ami ! Mes chèvres sont des animaux qui vont ça et là, Ô mon frère ! Sont-elles d'une manière ou d'une autre des esclaves ! Ce sont des créatures libres et elles vont là où elles veulent.

38. Sugúulo : Mon bon ami ! Elles sont pour toi, ces créatures ! Tu en tires des avantages. Tu bois leur lait. Elles te font des crottes ![8] Mais pour moi, elles ne font rien que manger, briser mes arbres, endommager l'herbe de mes jardins et ne laissent même pas une pierre sur mon mur. Mais toi, tu bois leur lait.

39. Phultúniṣ : Assez de paroles ! Tout un chacun tire avantage de ces chèvres, et pas moi seulement. Trêve de discours et fais sortir mes chèvres ! Ne perds pas de temps !

40. Sugúulo : Prends tes chèvres maintenant ! Prends-les ! Mais fais attention la prochaine fois !

41. Phultúniṣ : Non ! Non ! Je ne ferai pas attention. Bâtis un enclos et tiens-le fermé ! Je ne me considère pas comme responsable !

42. Sugúulo : Non ! Ça suffit ! Tu dis bien qu'elles sont libres ? Si tu dis qu'elles le sont, alors je lâcherai quelques loups sur tes chèvres.

43. Phultúniṣ : On verra quand le moment sera venu. On décidera à ce moment-là.

Musique, qui s'estompe en fondu

Plus du tiers des 453 lignes de la pièce, que les acteurs débitent rapidement en quarante minutes de temps d'antenne, est consacré aux remontrances mutuelles et aux discussions entre Phultúniṣ et ses voisins en colère, et, tout au long, l'auditoire à

[8] Les excréments d'animaux sont utilisés comme combustible.

la maison éclate de rire à plusieurs reprises. L'échange d'insultes se fait selon les conventions du discours traditionnel des Bourouchos ; il culmine à la ligne 100 au cours d'un combat à coups de poing mené avec une évidente délectation et qui supporte la comparaison avec des scènes semblables dans les films de Stan Laurel et d'Oliver Hardy, qui, de façon bouffonne, se tordent le nez, se tirent les oreilles, se donnent des coups sur la tête et se giflent. La bataille fait rage jusqu'à la ligne 111, au point où des centaines d'auditeurs hounzas ou nagers se tiennent les côtes à force de rire. Le dialogue devient ensuite plus sérieux, quand les voisins se demandent (111-123) s'il convient d'aller en justice pour forcer Phultúniṣ à changer de comportement. Ce sujet est abandonné sans plus d'explications. mais il n'en est point besoin pour un auditoire qui sait aussi fort bien qu'obtenir satisfaction, par voie de justice, d'un tort subi peut être une entreprise coûteuse comportant une grande perte de temps pour des gens aux moyens modestes.

La confrontation entre Phultúniṣ et Hayaati offre une distraction comique sans grand intérêt sociologique. Au cours de celle-ci, Phultúniṣ répond aux reproches de sa parente, en l'accusant d'être une femme moderne paresseuse qui a peur de se salir les mains. Les lignes 51-54 devraient être familières aux partisans de Ghulam Abbas Golden, dit Ḍiro ("La balle") ainsi qu'à ses opposants. Il s'agit d'un auteur bien connu de chants satiriques en bourouchaski ; il s'en est pris efficacement aux attentes exagérées de la jeune génération des femmes hounzas, qui ont grandi à une époque d'essor économique rapide où le niveau d'une éducation bien organisée a connu un développement aussi rapide[9].

51 Phultúniṣ : Ce sont des chèvres, n'est-ce pas ? Elles peuvent aller ça et là dans le monde. Quant à toi, tu devrais protéger tes moissons. Couvre d'une bâche le blé qui est sur ton toit. Si tu te mets un peu de bouse de vache sur les mains à l'endroit même où tu appliques tes cosmétiques en crème et si tu la frottes sur les arbres, comment les chèvres iront-elles y manger quoi que ce soit ? Au lieu d'agir ainsi, tu peins tes ongles avec du vernis à ongles et n'as aucune envie de frotter de la bouse de vache. Mais tu muselles mes chèvres. Comme c'est bizarre !

52 Hayaati : Et Zut ! Grand frère ! Ai-je dépensé 90 roupies en vernis à ongle et dois-je peindre mes mains pour les mettre dans de la bouse de vache ? Sommes-nous censés frotter de la bouse de vache sur les arbres ?

53 Phultúniṣ : Et alors que veux-tu frotter d'autre, ma sœur ?

---

[9] Étant donné leur contenu sujet à controverse, les chansons très populaires de Ghulam Abbas Golden n'ont jamais été diffusées par la radio pakistanaise de Gilgit. Cf. van Skyhawk (1998 : 663-672).

54 Hayaati : La paix ! Père ! Garde ton bétail à l'intérieur ! Pourquoi devrais-je me salir les mains ?

La façon de régler, dans le village, un conflit sans recourir aux tribunaux fait le sujet des 273 dernières lignes de la pièce. D'abord, on assiste à une longue discussion de la situation entre les membres du *pañčāyat* pour juger de l'affaire (175-239), puis (240-290) à l'imposition d'une punition méritée à Phultúniṣ, qui consiste à ravir et à cacher ses chèvres sans qu'il sache où, quinze jours durant, tout au long desquels sa résistance à la volonté de la majorité du village s'effrite, au fur et à mesure qu'avance la recherche incessante de son troupeau perdu. L'auditeur, grâce à la technique du fondu acoustique, se retrouve au moment où les pairs de Phultúniṣ commencent à se sentir désolés pour les peines que Phultúniṣ et sa famille endurent (339-346), et s'avisent qu'une punition trop sévère pourrait conduire, selon toute probabilité, à la vengeance aussi bien les fils de Phultúniṣ, quand ils auront grandi, que les parents de sa femme, qui ne parviendraient pas à se rendre compte que leur fille ou leur sœur a été justement puni avec son mari.

339 Supálo (à ses alliés) : La punition est soumise, dans notre pays, à une certaine règle. Si l'un de nos frères vient et dit que nous n'aurions pas dû le punir aussi sévèrement, on pourra nous charger d'accusations sérieuses, le jour où cela viendra à se savoir. Quand ses fils auront grandi, ils nous accuseront. Si le père ou les frères de notre sœur viennent pour nous accuser, ils diront : “C'est une dame respectable, après tout, n'est-ce pas ? Pourquoi vous en prendre à elle ?”

370 Supálo (à Phultúniṣ) : Je sais que tu es sévèrement puni. Mais c'est de ta faute. Ni nous, ni qui que ce soit du village, ne sommes responsables de ta punition, mais c'est bien ton étroitesse d'esprit qui en est la cause, Ô frère ! Regarde ici ! Tu ne fais pas cas des arbres de tes proches ! Tu les as endommagés en disant : “J'ai importé des chèvres du Tadjikistan !” Et tu as ajouté : “Depuis l'époque de mes ancêtres, il y a deux cents ans, on était libre de laisser le bétail aller sans entraves, une fois récolte faite, dans les champs (*heṭ*) !” Tu as dit : “Il n'y a pas de contraintes !” Tu as dit : “C'est la liberté !” Mais tes voisins ressentent avec difficulté la perte de leurs biens, exactement comme tu ressens celle de tes bêtes.”

Au moment de la réconciliation, particulièrement frappante est l'emphase mise sur l'ancienne tradition de prestation de serment (*teṣ*) préférée à la pratique moderne : recourir à une sentence prise par le Conseil d'Union du village.

388 Supálo : À l'avenir, nous prendrons une résolution[10]. Pas une seule de tes chèvres ne pourra sortir de l'enclos. Si tu les fais paître, elles doivent être en face de toi et tu dois les suivre. Tu dois alors les amener dans la lande. Au retour, tu dois les mettre dans ton enclos ou dans ta bergerie. Es-tu prêt ou non à accepter ces conditions ?

389 Phultúniṣ : Oh ! Tu as dit "résolution", Ô frère ! Oublie le "résol-" (*qarār*) et le "-ution" (*-dād*) ! Je vais prêter serment, Ô frère ! Je jure que tu ne reverras plus mes chèvres.

390 Supálo : Bien sûr ! C'est assez !

391 Mayún : Serviteur ! Il a bien parlé. Oui ! Cet homme a bien parlé.

392 Supálo : Nos pères et nos grands-pères n'ont pas suivi de résolutions. Ils ont seulement prêté serment. N'est-ce pas ?

393 Mayún : Oui, oui. Depuis l'époque du grand-père de mon grand-père à nos jours, on a eu recours au serment. Ces papiers (ces résolutions) ne signifient pas grand-chose. Mieux vaut prêter serment.

406 Phultúniṣ : Jamais plus mes voisins ne reverront le museau de mes chèvres.

407 Supálo : Et pourquoi pas ?

408 Phultúniṣ : Si celles-ci causent des dommages aux arbres ou au toit de qui que ce soit, que ma maison reste sans lumière et sans électricité !

409 Supálo et Mayún : *Aamíin, aamíin !*

410 Phultúniṣ : Que tout robinet que je puisse voir ne donne pas d'eau !

411 Supálo, Mayún et Sugúulo : *Aamíin, aamíin, aamíin !*

412 Phultúniṣ : Que mes pommes de terre sortent de ma boîte de *ghī* !

413 Supálo : *Aamíin !*

414 Phultuniṣ : Que je ne voie plus jamais de lait ![11]

415 Supálo, Mayún et Sugúulo : *Aamíin, aamíin, aamíin !*

---

[10] En ourdou, résolution se dit *qarār'dād*.

[11] Littéralement "une giclée de lait" (*burúm ṣiŋ*).

416 Phultúniṣ : Si jamais je ramène chez moi du kérosène, que le liquide sorte (du jerricane) !

417 Supálo, Mayún et Sugúulo : *Aamíin, aamíin, aamíin !*

418 Phultúniṣ : Que mes poules pondent ailleurs que chez moi !

419 Supálo et Sugúulo : *Aamíin !*

420 Mayún : Qu'elles pondent donc chez moi ! *Aamíin !*

421 Phultúniṣ : Et dis-moi maintenant ! N'y a-t-il pas des serments propres à notre pays que l'on puisse prêter ?

422 Supálo : Non ! Non ! N'arrête pas ! Ce sont là les grands serments de nos ancêtres. Prête-les ! Prête-les ! Continue !

423 Phultúniṣ : Attends juste un petit moment !

424 Mayún : Tu laisses tomber ces beaux serments !

À ce moment, l'acteur, qui joue le rôle de Phultúniṣ, change clairement le ton de sa voix ; celle-ci prend un registre plus grave et le rythme de l'énonciation ralentit, exprimant ainsi respect et dignité.

425 Si un enfant vient à naître dans ma demeure, que le lait de sa mère soit tari !

426 Supálo, Mayún et Sugúulo : *Aamíin, aamíin, aamíin !*

427 Phultúniṣ : Que notre destinée soit de nous procurer de la poudre de lait à l'extérieur (c'est-à-dire hors de notre famille) !

428 Supálo, Mayún et Sugúulo : *Aamíin, aamíin, aamíin !*

429 Phultúniṣ : Que ce beurre vieilli (*maltáṣ*) apporté pour la sage-femme, lors d'une naissance, devienne du babeurre bouilli (*burúṣ*)[12] !

430 Supálo, Mayún et Sugúulo : *Aamíin, aamíin, aamíin !*

431 Phultúniṣ : Que mes enfants ne m'obéissent plus !

432 Supálo, Mayún et Sugúulo : *Aamíin, aamíin, aamíin !*

---

12 Le beurre vieilli entre dans la composition d'un plat avec des amandes confites servi à cette occasion, qui a pour nom *čhamúriki* (cf. Müller-Stellrecht 1979 : 174).

433 Phultúniṣ : Est-ce que tout cela suffit ?

434 Supálo, Mayún et Sugúulo : Ça suffit !

451 Mayún : On lui donne ses chèvres ?

452 Supálo : Oui ! Laisse-les aller !

453 Mayún : Viens maintenant ! Suis-moi ! Invoque Dieu et nous partirons ! À la grâce de Dieu ! Viens-t'en !

APPENDICE : RÉFLEXIONS SUR UNE SOCIOLOGIE DE LA COMMUNICATION

En 1992, lorsque le premier poste récepteur de télévision avec antenne satellite fut installé au Hounza à Karimabad, une foule d'environ cinquante personnes se bousculaient dans la rue jusqu'aux premières heures du jour afin de pouvoir jeter, par la porte ouverte d'une boutique où l'on sert du thé, un coup d'œil sur les fascinantes images étincelant à la fenêtre de cette nouvelle boîte de Pandore de la haute technologie. Aujourd'hui, il est aisé d'avoir accès, au Hounza (c'est également possible au Nager, mais à un moindre degré, et pas du tout dans le village reculé de Hispar), à tous les types de programmes télévisés, allant des événements culturels les plus sublimes à la pornographie la plus pernicieuse, que ce soit grâce à une antenne satellite ou à des cassettes vidéo importées ou de contrebande.

Mais même dans le Hounza branché, la télévision n'a pas détrôné la radio. Les changements brutaux de séquences visuelles, allant du pathos solennel des funérailles de la princesse Diana, à l'hédonisme vitaminé de *Bay Watch,* quelque stimulants qu'ils puissent être au début, ne peuvent satisfaire le besoin humain qu'on a de se comprendre soi-même et de comprendre son milieu avec les termes de sa langue maternelle. La simple mise en présence des récepteurs et des gens assis en face d'eux ne signifie pas que s'est établie une véritable communication, celle qui repose sur la compréhension des représentations symboliques du sens et sur une réflexion effectuée sur ces dernières.

Pour la plupart des auditeurs, la pièce de radio en bourouchaski est la première à s'éloigner d'un mode circulaire de communication typique du genre oral, où l'auditoire constitue une partie complètement intégrée dans la prestation, pour se tourner vers un mode linéaire de communication, typique des moyens de communication électroniques ; les acteurs et l'auditoire n'y ont aucune proximité physique et, par voie de conséquence, ne sont plus engagés entre eux dans un dialogue fonctionnel[13]. Alors que la prophétie de Bertold Brecht (1970 : 9 sq. et surtout 13), selon laquelle les émissions de radio peuvent couper l'individu de toute participation active dans la société et développer chez lui la forme la plus dangereuse d'alcoolisme ("l'ivrognerie silencieuse"), a été avérée pour bien des peuples d'Europe et d'Amérique, il est peu vraisemblable qu'il en sera ainsi pour les auditeurs des programmes en bourouchaski de Radio Pakistan, Gilgit. Cela s'explique par les

---

13 Sur les dialogues formels, qui se distinguent des dialogues fonctionnels, voir Teedlock et Mannheim (1995 : 5).

étroites relations dans lesquelles sont intriqués les membres de la communauté parlant bourouchaski. Au temps de Brecht, au moment même où les émissions radio étaient en Allemagne à leurs débuts (1924-1932), les premiers studios radiophoniques de Hambourg, de Frankfort et de Baden-Baden employaient des acteurs professionnels qui venaient de n'importe quelle région d'Allemagne et qui n'étaient connus personnellement que par un pourcentage insignifiant de l'auditoire (cf. Klose :1977 : 29). En revanche, les acteurs du programme de bourouchaski de Radio Pakistan, Gilgit, sont largement connus de la communauté parlant cette langue ; ils représentent ainsi des personnages réels de la vie de tous les jours à Gilgit, au Hounza et au Nager et ne sont pas seulement identifiables par le timbre de leur voix ou par le caractère de leurs rôles. Si l'auditeur ne peut pas prendre directement part à la diffusion, contrairement à ce qui se passe en bourouchaski dans le genre oral, il n'est pas toutefois condamné à dialoguer en solitaire avec une voix pour lui sans visage[14]. La pièce de radio en bourouchaski ne pose donc pas de problème majeur de compréhension à l'auditeur et se trouve plus près de la vie de tous les jours que les pièces de radio occidentales. Grâce à son immédiat impact linguistique, à sa réalisation pleine de vie, à son inéluctable pertinence locale, elle joue, dans la vie des Bourouchos, un rôle que ne sauraient combler ni le kaléidoscope des antennes satellites, ni les émotions bon marché des vidéo cassettes dites pour adultes seulement.

[14] Dans un article récent (van Skyhawk à paraître), j'ai opposé le rôle actif de l'auditoire lors d'une prestation orale, au rôle passif de l'auditoire d'un programme de radio ou de télévision. Ces remarques s'appliquent tout d'abord aux programmes d'un réalisateur éloigné ; c'est le cas de la télévision par satellite ou des émission à longue portée en provenance des Indes, des services en ourdou de Radio Pakistan, dont jamais un auditeur du Hounza ou du Nager ne verra jamais de ses yeux un réalisateur et ne pourra, par voie de conséquence, interagir avec lui. Pour les raisons données ci-dessus, le programme en bourouchaski de Radio Pakistan, Gilgit, occupe une position intermédiaire entre une représentation où ceux qui la réalisent et ceux qui y assistent sont tous présents avec la possibilité de se parler directement entre eux, et une représentation transmise électroniquement dont ils sont très éloignés et où ils ne peuvent interagir.

BCILL 113 : *Bourouchaskiana*, 97-109

LES PRIORITÉS DE LA RECHERCHE EN BOUROUCHASKI

Étienne Tiffou
Université de Montréal

Lors de la réunion de l'après-midi, les interventions des membres présents n'obéissaient pas à un ordre concerté à l'avance. Aussi m'a-t-il paru préférable de procéder, dans cette présentation sur les priorités de la recherche en bourouchaski, par rubrique. Celle-ci est donc plus soucieuse de respecter la teneur des propos qui se sont tenus plutôt que leur littéralité. D'autre part, ainsi que je le notais dans l'avant-propos, comme, au cours de la discussion, les échanges faisaient écho aux bilans présentés respectivement par Elena Bashir (2000) et par moi-même (2000), je me suis inspiré de ceux-ci dans le rappel des thèmes débattus.

1. Linguistique historique du bourouchaski

Le bourouchaski compte au nombre des rares isolats linguistiques actuellement connus. C'est pourquoi le problème de ses origines a passionné certains chercheurs et un certain public. Parmi les tentatives les plus récentes menées sur ce sujet, on compte celle de I. Čašule (1995, 1998 et Ms) et celle de S. Starostin (1984, 1991), suivi par J. Bengtson (1991, 1992a, b, 1996-1998, ms1, ms2 et ms3). Le premier auteur s'efforce de montrer que le bourouchaski a des affinités avec les langues indo-européennes et, en particulier, avec les langues paléo-balkaniques. Ces hypothèses s'appuient sur des comparaisons de termes peu convaincantes ; il faudrait, pour qu'elles le fussent, établir un système strict de correspondances phonologiques, ce qui n'est pas le cas. D'autre part, certaines ressemblances peuvent être trompeuses. Le bourouchaski, par exemple, possède une marque lexicale de duel qu'on retrouve fréquemment dans les noms qui comportent la notion de paire. Il s'agit de l'élément *alt-* qu'on rencontre notamment dans *-ltúmal* "oreille", *ˊ-lči* "œil", etc. Il est aisé de relier ce préfixe au nom du nombre deux *altó* et, de là à le mettre en rapport avec un mot comme lat. *alter* "l'un ou l'autre de deux", il n'y a qu'un pas. Or, il se trouve que la marque de dualité est assurée dans ce terme par le suffixe de comparaison *-ter* (cf. gr. εὐδαιμονέστερος). Certes, la notion de paire est bien impliquée par la comparaison, mais il importe de la distinguer clairement de celle de nombre proprement dit. Un tel type de rapprochement est donc plus que douteux.

La démarche de l'équipe de S. Starostin et de J. Bengtson ne diffère pas essentiellement de celle de I. Čašule et se trouve, par conséquent, exposée aux mêmes critiques. Toutefois l'hypothèse qu'elle avance sur l'origine du bourouchaski semble plus plausible. Dans le grand rameau nadéné-caucasique qu'elle postule, il y aurait lieu de distinguer 1) le groupe des langues nadénées ; 2) le groupes des langues sino-tibétaines ; 3) le groupe des langues paléo-sibériennes et 4) le groupe macro-caucasique. C'est à ce dernier qu'appartiendrait le bourouchaski. On aurait d'un côté le basque, la langue la plus occidentale de cette famille, de l'autre, le bourouchaski, la langue la plus orientale et, au milieu, les langues caucasiques du Nord-Ouest et du Nord-Est (les langues khartvèles sont exclues de ce rameau). Les ressemblances structurelles donnent du poids à cette hypothèse. La plupart de ces langues possèdent une construction ergative ; la faille d'ergativité dans les langues du Daghestan présente des similitudes troublantes avec celle que l'on constate en bourouchaski ; enfin ces dernières langues connaissent un système de classe ; or le bourouchaski est seul à présenter ce trait parmi toutes les langues qui l'entourent. Il ne faut pas attacher, cependant, à ce critère plus d'importance qu'il ne convient et en tirer des conclusions sur l'apparentement des langues. On sait que le classement typologique de Sapir (1967 : 139) invite à ranger le français dans la même catégorie que les langues bantoues, mais personne n'oserait pour autant affirmer qu'elles sont apparentées. En outre, les mots de base (parties du corps, noms de parenté, etc.), sur lesquels on s'appuie le plus souvent pour prouver l'appartenance à une même famille, ne permettent pas de tirer des preuves convaincantes. On en jugera en constatant la disparité entre les termes qui désignent, par exemple, le nez, l'œil et l'oreille : bour. *-múš* (BY), *-múpuṣ* (BH, BN) "nez", bsq. *sudur,* and. *mahar,* xin. *kitir,* oud. *box-mogh,* kab. *na, ppe ;* bour. *ˊ-lči* (BY), *ˊ-lčin* (BH, BN) "œil", bsq. *begi,* and. *xarku,* xin. *pil,* oud. *phul,* kab. *ne, nne ;* bour. *-ltúmal* "oreille", bsq. *beharri,* and. *hantika,* xin. *top,* oud. *imux,* kab. *txakhume.*

En fait, comme le note Hermann Berger dans l'article publié dans le présent recueil : "Il est clair qu'il n'a pas été possible, jusqu'à présent, de découvrir une parenté généalogique avec une autre langue. Après avoir publié, il y a plus de quarante ans, poussé par l'enthousiasme des débutants, quelques essais hâtifs et erronés qui allaient dans ce sens, je considère maintenant qu'il est fort peu probable qu'on puisse trouver au bourouchaski une parenté, et moins encore la prouver. Alors que, certainement, il y avait, en des temps très reculés, des langues qui lui étaient apparentées, la distance chronologique qu'il y a entre leur séparation et le moment présent est si grande que les formes anciennes se sont altérées au point de ne plus être reconnaissables, ce qui rend toute comparaison convaincante impossible" (Article ci-dessus, p. 13).

Toutefois, Hermann Berger ne ferme pas la porte définitivement à une recherche historique. Il ajoute, immédiatement après (pp. 13-14) : "On peut toutefois se demander, si, outre la comparaison avec d'autres langues, il n'est pas d'autres méthodes d'analyse. Je suis en mesure, je le crois, de dire qu'il en existe. À cet effet, on trouvera, dans la discussion qui suit, la présentation de quelques exemples." Parallèlement, K. Tuite (1998) ouvre davantage la porte en plaidant, d'une part, "en faveur d'étroites ressemblances 'quasi génétiques' entre le bourouchaski et les langues caucasiques du Nord-Est et du Nord-Ouest", en faisant appel, d'autre part, à un concept développé par Nichols (1993), selon lequel "les ressemblances de structure et de vocabulaire ne prouvent pas une relation génétique au sens classique du terme, mais suggèrent un lien possible à un niveau légèrement plus profond que celui que peut atteindre la méthode comparative" (Article d'E. Bashir, p.58-59). La recherche sur les origines du bourouchaski reste donc un champ d'investigation légitime, mais ardu. On peut espérer arriver à établir des liens plausibles avec d'autres langues (selon moi, les langues caucasiques du Nord-Est et du Nord-Ouest), mais il faut, à mon avis, s'appuyer sur une démarche précise et convaincante, comparable à celle qu'on a suivie pour établir la parenté des diverses langues indo-européennes.

2. PHILOLOGIE

Il est capital de disposer de textes pour l'étude d'une langue. On dispose pour celle du bourouchaski d'un nombre relativement important. Elena Bashir (2000) en a dressé un relevé qu'il n'est pas sans intérêt de reprendre ici. Nous le faisons avec quelques ajouts et quelques modifications :

Éditeur	Nbre de textes	Nbre de lignes[1]	Type de texte	Dialecte	Remarques
Biddulph (1884)	3 + 19[2]	46 + 19	Narratif réaliste (chasse, chasse au faucon, combat.	BN (?)	
Grierson	1	38	"Le fils prodigue"	BH	Daté de 1899
(1919)	1	37	"Le fils prodigue"	BY	Daté de 1898

[1] Les chiffres donnés dans la colonne pertinente sont approximatifs.

[2] Il s'agit d'un corpus de 19 phrases notées par Biddulph.

Zarubin (1927)	2	55	1 version du "fils prodigue" un conte humoristique	BY	Comprend une discussion du "fils prodigue de Grierson (1919)
Varma (1931)	11	101 mots 93 mots	Conte folklorique Conte folklorique	BH BN	"Le vent du Nord et le vent du Sud" dans les deux dialectes
Lorimer (1932)	1	41	Conte local (Muunulum Daado)	BH	Republié dans Lorimer (1935b)
Lorimer (1935b)	47	3337	4 contes étrangers, 28 contes locaux et légendes, 11 textes sur les coutumes locales, 2 poèmes, 2 traductions, 45 proverbes	BH	Recueilli en 1923-1924
Lorimer (1935b)	3	122	2 contes de fée, une traduction	BY	Recueillis en 1923-1924
Nasir Ud-din Hunzai (1960)	70	1995	Poèmes religieux	BH	Ces poèmes ont été traduits en anglais par Faqir Mohammad
Lorimer (1962)	7	621	6 contes traditionnels et textes sur les coutumes ; un exemple de conversation	BY	Recueillis en 1923-1924
Berger (1974)	18	757	Contes folkloriques légendes, coutumes locales	BY	
Frémont (1982)	19	873	Coutumes locales traditionnelles, un poème d'amour, textes concernant la vie moderne	BN	Recueillis d'un informateur en 1977-1979
Nasir Ud-din Hunzai et autres (1984)	70	81	Proverbes	BH	

Tiffou et Pesot (1989)	18	431 (5568 mots)	(contes, humour, folklore local, contes de fée, anecdotes vécues	BY	Recueillis en 1979
Tikkannen (1991)	1	507	Conte de fée	BH	Recueillis en 1989 offre une analyse comparée de la production fol-klorique
Nasir Ud-din Hunzai (1991a)	256	668	Devinettes	BH	Texte seul
Nasir Ud-din Hunzai (1991b)	942	1429	Proverbes	BH	Texte seul
Tiffou et autres (1993)	563	563	(Proverbes (198), préceptes (41), questions et exclama-tions (48), comparaisons (184), expressions phatiques (60), devinettes (32)	BH	Réédite 45 proverbes de Lorimer (1935b) et 70 de Nasir Uddin et autres (1984)
Willson (1994b)	6	73	Contes, proverbes,	BH	Manuel pour ap-prendre aux sujets parlants à lire le bourouchaski en caractères latins
Willson (1994a)	7	190	Contes populaires	BH	Adaptés de Lorimer (1935b)
Willson (1994c)	2	131	Contes populaires (Muunulum Daado)	BH	Adaptés de Lorimer (1935b)
Willson (1994d)	1	391	Conte populaire (Šazdhaa Bahraam)	BH	Adaptés de Lorimer (1935b)
Willson (1994e)	11	271	Informations di-verses (santé, édu-cation des enfants)	BH	Écrit à l'intention des lecteurs locaux
van Skyhawk Berger (1996)	1	1078	Saga de Kisar	BN	Nombreuses analyses sur le folklore et la culture

Berger (1998)	41 26	1690 841	Coutumes et légendes locales, nombreux récits de rencontre avec des êtres surnaturels	BH BN	Recueillis avant 1961
Tiffou (1999)	3	107	Extraits de deux contes populaires, de devinettes et de proverbes	BH	Tirés de textes publiés par Tikkanen (1991a), van Skyhawk et Berger (1996), Tiffou et autres (1993)
Tiffou (1999)	11	143	Saga de Libi Kisar	BN	Extraits du texte recueilli par van Skyhawk et Berger (1996)
Tiffou (1999)	10	190	Conversations et entretiens	BY	Certains jouent un rôle pédagogique, d'autres sont spontanés
Tiffou (1999)	3	382	contes, un texte sur le polo	BY	Les deux contes ont été repris de Tiffou et Pesot (1989)
van Skyhawk	21	3482	Saga de Kisar	BN	Nombreuses analyses sur le folklore et la culture du village de Hispar

Les textes dont on dispose pour l'étude du bourouchaski sont donc relativement substantiels ; cependant, ils relèvent pratiquement tous du même genre littéraire : le conte. À celui-ci s'ajoutent des poèmes religieux, où l'artifice artistique joue un rôle important, ainsi que des proverbes et des devinettes, qui occupent une place particulière parmi les genres littéraires. On devrait cependant disposer d'un corpus plus varié. Pour y parvenir, il faudrait éditer et traduire un bon nombre d'émissions radiophoniques en bourouchaski (théâtre, entrevues, etc.) de radio Pakistan, Gilgit ; mais il serait encore plus important, pour développer non seulement une linguistique du texte, mais également une analyse linguistique de la langue elle-même, de relever des conversations familières, qui devraient permettre de dégager certaines tournures, qu'on n'a pas eu l'heur de répertorier jusque-là ; il serait également possible, grâce à elles, de déterminer la fréquence des tournures les plus employées et de vérifier si celle-ci correspond à celle qu'on peut déceler dans la littérature jusque-là recueillie. On pourrait aussi procéder de même pour le vocabulaire. Il serait, d'autre part, intéressant de pouvoir disposer de textes épistolaires pour étudier le genre de formulation auquel recourent les expéditeurs. J'ai en ma possession un certain nombre de lettres écrites en bourouchaski du Yasin et j'envisage d'en publier quelques-unes.

Enfin et surtout, il importe de relever, de la bouche des personnes âgées, la plus grande quantité de textes possible, quel que soit leur genre, et de typologie variée. En effet, le bourouchaski connaît en ce moment une transformation très importante, tant du point de vue du vocabulaire que de celui de la syntaxe. De nombreux textes colligés attestent, il est vrai, d'un état de langue en voie de transformation, mais on ne saurait en amasser assez pour former un conservatoire d'un bourouchaski qui ne sera bientôt plus. Les recommandations d'Elena Bashir (2000 : 7-8) sur ce point sont fort claires : "Étant donné la rapidité des changements linguistiques et culturels dans la région où se parle le bourouchaski, la tâche la plus urgente consiste à recueillir des textes pour mettre en archives un matériel linguistique et un fonds de la culture traditionnelle au stade où en est actuellement la langue. Des histoires vécues, des traditions locales, des discussions sur les médecines traditionnelles, des jeux traditionnels, des descriptions d'anciens règlements, des pratiques agricoles en usage ouvrent un riche champ d'investigation. Les chercheurs locaux peuvent dans cette action jouer un rôle de premier plan. Les textes ne constituent pas seulement une riche source d'information culturelle et historique, mais ils offrent également la possibilité de récupérer du matériel lexical jusque-là négligé ou ignoré. Ils permettent aussi d'enrichir les données de contextes dans lesquels on trouve des occurrences de mots antérieurement recueillis, et tout particulièrement des collocations des verbes. La réalisation de telles archives devrait être la base de travaux futurs intéressant, notamment, la reconstruction interne et l'éventuelle élaboration d'un dictionnaire comparatif et étymologique."

3. PHONOLOGIE ET MORPHOLOGIE

Ces domaines sont apparus au cours de la discussion comme ceux qui ont été le mieux étudiés. Il est difficile, depuis principalement les travaux d'Hermann Berger, de trouver de nouvelles voies à explorer. La description phonologique du bourouchaski est claire et compréhensive. Il ne reste plus que des points particuliers à éclaircir, et ceux-là, comme on peut s'y attendre, ne sont pas des plus simples. On compte parmi eux l'assourdissement de certaines sonores initiales, lorsqu'elles sont, par exemple, précédées du préfixe négatif *a-* ; ex. : *a + bí > apí*. "il n'y a pas". S'agit-il, au demeurant, d'un phénomène purement phonologique, morphophonologique ou simplement morphologique ? On trouvera des éléments de réponse dans l'article d'Hermann Berger, ci-dessus édité. Il faudrait, d'autre part, porter attention à la phonologie historique de la langue par reconstruction interne. Ainsi Y. Morin est parvenu à déterminer à quoi remontaient certains phonèmes. Il a pu le faire en étudiant les règles phonologiques qui s'appliquaient à des mots d'emprunt à différents moments historiques en bourouchaski du Yasin. Il est clair, par exemple, que, dans cette langue, les emprunts faits au china précédaient ceux faits au khowar. Les résultats de ces recherches devraient être publiés, mais il faudrait auparavant les vérifier systématiquement en se référant au BH et au BN.

Quant à la morphologie, il ne reste pratiquement rien à faire du point de vue descriptif. Il importe surtout de définir les catégories grammaticales identifiées par les morphèmes du bourouchaski et d'en comprendre la signification. Le bourouchaski, par exemple, connaît des "doubles pluriels" (ex. en BH et en BN : *haɣór* "cheval" et "chevaux" et *haɣórišu* "chevaux"). Dans la paire qu'on vient de citer, la forme non marquée a, selon le contexte, valeur de singulier ou de collectif ; quant à la forme marquée elle serait un pluriel impliquant l'individualisation de tous les membres compris dans cette pluralité. Il serait, dans ces conditions, plus juste de parler de collectif et de pluriel, plutôt que de double pluriel. Le suffixe verbal *-ča-/-ja-/-ša/-ia-/-a-* est toujours présenté comme une marque de pluriel. Mais celle-ci n'a rien à voir avec les désinences marquant ce nombre. En fait, celles-ci indiquent que le procès verbal est en rapport avec un actant pluriel, mais cela n'implique en aucune façon que ce procès soit lui-même pluralisé. C'est au suffixe *-ča-/-ja-/-ša/-ia-/-a-* qu'il revient de marquer cette valeur. Nous avons là deux types de morphèmes dont la fonction est très différente. Ce ne sont que deux exemples parmi tant d'autres ; il importerait notamment d'insister sur les principes qui régissent l'emploi des formes verbales. Le bourouchaski connaît un système aspectuel à trois termes duratif, perfectif, aoriste. Cette analyse permet de comprendre la valeur de certaines formes verbales, faute de quoi leur emploi dans certains contextes devient incompréhensible. D'autre part, la valeur des formes nominales du verbe n'est pas toujours très claire et l'on n'a pas pu, jusqu'à présent, établir un métalangage satisfaisant pour désigner chacune d'elles. Si la description proprement dite de la morphologie est, du moins pour le moment, achevée, il y a toujours place pour de nombreuses analyses des catégories grammaticales et de leur valeur en bourouchaski.

4. SYNTAXE

La syntaxe du bourouchaski est certainement un des domaines les plus ouverts à la recherche. On a considéré que cette langue, du point de vue de la syntaxe de la phrase simple, était proche de l'état dit appositionnel et qu'il était, du point de vue de la syntaxe de la phrase complexe, très paratactique. Dans l'un et l'autre cas, les relations seraient essentiellement exprimées par le biais de la morphologie. Il n'en va pas ainsi. Les relations, dans la phrase simple, sont soumises à des contraintes qui n'ont pas toujours été bien dégagées ; ainsi l'expression *beṣ bái* "il doit" exclut comme complément la forme du nominal II ; seul l'emploi du nominal I est correct ; ex. : **éča beṣ bái* "il doit faire" est à proscrire et seul *éčum beṣ bái* est considéré comme correct.

Pour ce qui est de la syntaxe de la phrase complexe, le bourouchaski, sous l'influence de l'ourdou, a développé un système de subordination similaire à celui que nous connaissons dans les langues indo-européennes. Ce nouveau système coexiste avec un système plus ancien dont on trouvera une présentation assez rudimentaire dans Tiffou et Pesot (1989), qui demande à être développée : "il importe de distinguer parataxe et hypotaxe. Si le bourouchaski ne dispose pas d'outils grammaticaux comparables à ceux qu'on trouve en français, il établit des relations strictes entre les différents éléments d'une phrase complexe. En ce sens, dans cette langue, là où on est tenté de voir une simple juxtaposition, il y a, en fait, très fréquemment hypotaxe" (Tiffou et Pesot 1989 : 62). Il importe, dans ces conditions, de déterminer comment s'opère cette hiérarchisation. Un des moyens auquel recourt le bourouchaski pour marquer cette dernière devrait faire l'objet d'analyses approfondies. Cette langue joue de l'aspect verbal à des fins syntaxiques, et ce au point où les sujets parlants perdent le sens de la valeur morphologique du verbe. Ainsi dans la phrase *cáɣanule ɣáimi ka hen gúsen baŋgalánule hurúṭum bu* "tandis qu'il regardait, une femme était assise dans un jardin", un de mes informateurs ne pouvait admettre que *ɣáimi* (lit. "Il regardera") fût un futur. Cela montre à l'évidence le rôle dévolu, parfois, à l'aspect pour marquer la subordination. Ce n'est pas, au reste, le seul cas où le bourouchaski recourt à des procédés, qu'il n'a pas empruntés à l'ourdou, pour caractériser la subordination dans des propositions où le verbe est à un temps fini. La relative est un cas bien clair et elle obéit à des règles assez strictes. L'expression de la simultanéité est beaucoup complexe et a, jusqu'à présent, résisté à tout effort de systématisation. Il est enfin des subordinations qui n'ont pas de marquages spéciaux, telle la concession. Il faudrait les répertorier et voir comment le bourouchaski procède dans de tels cas.

Il n'en reste pas moins que le bourouchaski a de la difficulté à former des phrases complexes dont les propositions comportent des temps finis ; aussi a-t-il largement recouru aux formes nominales du verbe. Ce procédé apparemment simple demande à être mieux compris. On peut y recourir, par exemple, pour former une relative. Mais pourquoi seuls les nominaux III (ex. : *étum* "faire") et V (ex. : *étas* "faire") peuvent-ils être utilisés ? Dans une subordonnée temporelle nominalisée la distinction entre une nominal II (ex. : *éča* "faire") et un nominal IV (ex. : *net* "faire") est loin d'être claire.

La syntaxe reste un champ largement ouvert à la recherche. Celui-ci pose un défi particulièrement important, car il s'agit non seulement de régler les problèmes en suspens, mais d'en poser d'autres. Nombreux sont les cas dont seul un locuteur natif ou un sujet parfaitement bilingue peut avoir conscience. En français, le passage du présent à l'imparfait dans les phrases suivantes présente une distorsion dont on attend encore l'explication. La différence entre *je pense bien qu'il viendra* et *je crois bien qu'il viendra* est très ténue. En revanche, si l'on compare *je pensais bien qu'il viendrait* et *je croyais bien qu'il viendrait,* dans la première phrase, on comprend que l'intéressé est bien venu, conformément à ce que l'on avait annoncé, alors que dans le second il brille, contre toute attente, par son absence. Il est certain que le bourouchaski doit présenter des subtilités de cet ordre, mais comment les cerner ? Pour y parvenir, il est nécessaire de former aux sciences du langage des sujets dont le bourouchaski est la langue maternelle et d'en faire des chercheurs compétents.

5. VOCABULAIRE ET LEXICOGRAPHIE

Le bourouchaski est soumis à une évolution rapide due au développement de plus en plus important que l'ourdou prend dans la région. Son vocabulaire y est particulièrement sujet ; à certains égards ce développement est bénéfique, car, il y a plus de vingt-cinq ans déjà, le vocabulaire abstrait était extrêmement pauvre. Cependant il a pour effet non seulement d'entraver un développement lexical propre au génie de chaque langue, mais il substitue, sans aucune nécessité, à des mots dont disposait le bourouchaski, des termes empruntés (cf. en français le mot *commanditaire* évincé par celui de *sponsor*). Dans une conversation, j'employais le mot *čiríṭi* "étincelle" qu'aucun de mes interlocuteurs ne comprit. Survint un locuteur plus âgé, qui en saisit immédiatement le sens. Il est temps de répertorier le plus grand nombre de mots en voie de disparition, mais il ne faut pas se faire d'illusion sur la difficulté de la tâche ; il n'est pas aisé de les susciter et, pour en colliger un, il faut recenser une quantité considérable de mots connus. Il faudrait également, relever les sens nouveaux que l'on prête à un mot. Ainsi, le verbe *-̶yancar-* "emmener quelqu'un en promenade" a fini par signifier également "exploiter une société, une usine, etc." Ce genre de travail rejoint celui du lexicographe.

À ce propos, on dispose de bons ouvrages lexicographiques sur le bourouchaski. Parmi les principaux, rappelons ceux de Lorimer (1938) et de H. Berger (1998) pour le BH et le BN et, pour le BY, ceux de Lorimer (1938 et 1962), de Berger (1974), ce dernier étant complété par Morin et Tiffou (1989), et le lexique analytique publié dans Tiffou et Pesot (1989). Il est impossible de proposer un relevé exhaustif de tous les termes d'une langue, mais, compte tenu de cette impossibilité, on peut dire que nous disposons d'un répertoire très satisfaisant de nombreux mots du bourouchaski. On notera le travail considérable qui a été fait par Hermann Berger pour déterminer l'origine des mots d'emprunt et la forme de départ dans la langue qui les a fournis. Cela est capital pour développer un travail historique sur l'évolution d'une partie importante du vocabulaire du bourouchaski. Toutefois, il serait souhaitable que l'on intégrât les contextes d'emploi de chacune des entrées. Non que ce ne soit fait assez souvent, mais cela pourrait être étoffé substantiellement. D'autre part, ces ouvrages devraient illustrer plus abondamment les structures syntaxiques déterminées par les verbes (notamment les tournures passives, causatives et bénéfactives). Il ne faut pas se cacher cependant que l'établissement d'un dictionnaire du bourouchaski soulève, à l'heure actuelle, un problème difficilement surmontable ; les locuteurs de cette langue empruntent, lorsqu'un terme leur manque, au vocabulaire d'une autre langue qu'ils connaissent. C'est surtout l'ourdou qui est le pourvoyeur de la plupart des emprunts, à un point tel qu'on se demande s'il ne faudrait pas intégrer presque tout le vocabulaire de cette langue dans un dictionnaire. La question reste ouverte et attend une réponse.

6. TYPOLOGIE

Le bourouchaski, langue isolée, offre un domaine privilégié pour effectuer des analyses typologiques, mais il est clair que celles-ci n'ont de sens que si elles sont comparatives ; aussi, les parallèles avec d'autres langues demandent-ils à être développées. L'étude de Hermann Berger, ci-dessus publiée, est fort éclairante à ce point de vue, car c'est en opposition à d'autres langues, les langues indo-européennes par exemple, que l'on peut comprendre l'originalité relative du bourouchaski. Il est clair que celui-ci ne connaît pas de structures totalement ignorées des autres langues du monde. Il est intéressant de voir toutefois que, dans le milieu qui l'entoure, certaines de celles qu'il présente sont assez exceptionnelles. On cherchera en vain dans un cercle de deux mille kilomètres une autre langue dotée d'un système de classe comparable au sien ; il faut aller dans le Daghestan pour trouver quelque chose qui y ressemble. La construction ergative est, elle-même, assez particulière. On tiendra pour négligeable celle de l'ourdou, qui est le produit d'un développement tardif et lui est fort étranger. On n'a pas assez réfléchi sur ce type de construction. Il est des langues où le cas absolutif détermine toujours l'accord verbal principal. En effet, un verbe à un temps fini peut comporter plusieurs marques d'accord. On considérera comme marqueur d'accord principal celui qui subsiste dans le verbe qui n'admet qu'un marquage ; or, en bourouchaski, lorsque la phrase admet un nom au cas ergatif, c'est à lui qu'il renvoie (v. notamment Willson 1996). Il faudrait donc situer cette langue dans le groupe des langues ergatives, et le faire à lumière d'une théorie sur ce type de construction, qui, en fait, ne se présente pas sous une forme unique. On ne saurait se limiter à ces deux exemples, car beaucoup de questions restent en suspens, dont le cas des connecteurs qui fera l'objet d'un des points du développement suivant.

7. LINGUISTIQUE DU TEXTE ET PRAGMATIQUE

Nous avons là un domaine largement ouvert. Le matériel manque pour faire une typologie des textes : choix et fréquence des mots, tournures syntaxiques, formulations, etc. Quoi qu'il en soit, les textes dont nous disposons ont permis de distinguer l'emploi des formes nominales du verbe qui jouent un rôle soit de complétives, soit de circonstancielles, mais qui peuvent également n'avoir qu'une fonction de connecteur (Patry et Tiffou. 1998). Le style des contes en offre un échantillon considérable. Dans ce cas, le bourouchaski en use comme d'autres langues, mais il importe de trouver des critères pour distinguer ces valeurs fondamentales.

Pour ce qui est de la pragmatique, Hugh van Skyhawk (2003) a non seulement montré que ce champ méritait d'être étudié, mais il lui a consacré, dans sa thèse d'"Habilitation", des développements qui esquissent une méthodologie. Ainsi, il note les pauses dans le récit, les reprises, les interventions des auditeurs et publie des photographies des conteurs destinées à illustrer la technique d'exposition du narrateur. Malheureusement tous ses relevés ne concernent que le village d'Hispar. Il faudrait étudier les techniques de narration dans d'autres espaces bourouchaskophones et les comparer entre eux, pour voir s'il y a une certaine homogénéité ou, au contraire, des variations notables d'un endroit à l'autre.

8. CONCLUSION

Le bourouchaski est une langue relativement bien étudiée. Mais l'étude d'une langue est un tonneau des Danaïdes inépuisable. On s'est efforcé de présenter, de façon systématique, les propos échangés au cours de la rencontre de l'après-midi, le jour du colloque. Les champs d'investigation n'ont pas été pour autant épuisés. Il reste beaucoup à faire en sociolinguistique, par exemple, malgré les travaux de Backstom (1992), Berger (1992), Patry et Tiffou (1997), Kreutzman (1998) ; en linguistique régionale, malgré ceux de Tikkanen (1995, 1999c) et en dialectologie, malgré ceux de Varma (1931 et 1941), Fussman (1972) et Backstrom (1992).

Au terme de cette présentation, il n'est pas sans intérêt de dégager les domaines les plus importants dans lesquels il importe de poursuivre la recherche. Il ne fait aucun doute, compte tenu des changements rapides que connaît actuellement le bourouchaski, que la collecte de textes et la constitution d'archives s'imposent au premier chef. Cela fournirait, par ailleurs, des informations précieuses d'ordre culturel, anthropologique et historique. Du point de vue proprement linguistique, ce matériel s'ajoutant à celui dont nous disposons offrirait une documentation plus efficace pour réaliser un dictionnaire historique de la langue et pour procéder à la reconstruction interne de celle-ci. L'étude de la syntaxe relève de la même urgence. Celle-ci est soumise à une évolution rapide, principalement à cause de l'usage de l'ourdou, de plus en plus répandu. Ces deux champs prioritaires ne dispensent pas toutefois les chercheurs de s'intéresser à des domaines qui n'en sont qu'à leurs débuts, comme, par exemple, la linguistique du texte ou la pragmatique. Enfin, d'autres terrains inexplorés, tel celui de l'acquisition du langage chez les bourouchaskophones en milieu multilingue, attendent d'être défrichés.

Références

Alexeev, Mixail. 1999. Reconstruction of the Proto-East Caucasian Locative Morphemes. *Studies in Caucasian Linguistics : Selected Papers of the English Caucasian Colloqium.* Éd. par Helma van den Berg. Research School of Asian, African and Amerindian Studies (CNWS), Universiteit Leiden, The Netherlands, pp. 116-24.

Allen, W. S. 1956. Structure and System in the Abaza Verbal Complex. *Transactions of the Philological Society,* pp. 127-76.

Anderson, Lloyd. 1982. The 'Perfect' as a Universal and as a Language-Particular Category. *Tense-Aspect : Between Semantics and Pragmatics.* Éd. par Paul J. Hopper. Amsterdam : Benjamins.

Arbeitman, Brad J. 1974. Why two preverbs (and only these two) become inseparable in Hittite. *Journal of Indo-European Studies,* pp. 70-6.

Backstrom, P. C. 1992. Burushaski. *Languages of Northern Areas. Sociolinguistic Survey of Northern Pakistan* 2. Éd. par P. C. Backstrom et C. F. Radloff. National Institue of Pakistan Sudies, Qaid-i-Azam University and Summer Institute of Linguistics. Islamabad, pp. 31-54.

Bamgbose, A. 1974. On Serial Verbs and Verbal Status. *Journal of West African Languages* 9, pp. 17-45.

Bashir, Elena. 1985. Toward a Semantics of the Burushaski Verb. *Proceedings of the Conference on Participant Roles South Asia and Adjacent Areas.* Bloomington : Indiana University Linguistics Club, pp. 1-32.

Bashir, Elena. 1990. Involuntary Experience in Kalasha. Éd. par Manindra Verna and K.P. Mohanan. *Experiencer Subjects. South Asian Languages.* Stanford : The Center for the Study of Language and Information, Stanford University.

Bashir, Elena. 2000. A Thematic Survey of Burushaski Research. *History of Language* VI (1), pp. 1-14.

Bashir, Elena. En préparation. Wakhi. À paraître dans : *Iranian Languages*. Éd. par Gernot Windfuhr. London : Curzon Press.

Bengtson, John. 1991. Some Macro-Caucasian Etymologies. *Dene Sino-Caucasian languages*. Éd. par V. Shevororoshkin. Bochum : Bochum, pp. 130-141.

Bengtson, John. 1992a. The Dene-Caucassian Macrophylum. *Nostratic, Dene-Caucasian, Austric and Amerind*. Éd. par V. Shevororoshkin. Bochum : Universitätsverlag Dr Norbert Brockmeyer, pp. 334-352.

Bengtson, John. 1992b. Macro-Caucasian Phonology. *Nostratic, Dene-Caucasian, Austric and Amerind. Materials from the first international interdisciplinary symposium on language and prehistory, 8-12 November 1988*. Éd. par V. Shevororoshkin. Bochum : Universitätsverlag Dr Norbert Brockmeyer, pp. 342-51.

Bengtson, John. 1996/1998. Caucasian and Sino-Tibetan. A Hypothesis of S.A. Starostin. *General Linguistics* 36 (1/2), pp. 333-49.

Bengtson, John. ms1. A Comparison of Burushic and (North) Caucasian.

Bengtson, John. ms2. Burushaski 'Nose', 'Nostril'.

Bengtson, John. ms3. *Founder Effects in Dene-Caucasian, Noun Prefix *-s.*

Berger, Hermann. 1956. Mittellmeerische Kulturpflanzennamen aus dem Burushaski. *Münchener Studien zur Sprachwissenschaft*. IX, pp. 4-33.

Berger, Hermann. 1974. *Das Yasin Burushaski (Werchikwtar) : Grammatik, Texte, Wörterbuch*. Neuindische Studien 3. Wiesbaden : Harrassowitz.

Berger, Hermann. 1992. Das Burushaski : Schicksale einer zentralasiatischen Restsprache. *Sitzungsberichte der Heidelberger Akademie der Wissenschaften. Philosophisch-historische Klasse* 1. Heidelberg : Carl Winter Universitätsverlag.

Berger, Hermann. 1998. *Die Burushaski Sprache von Hunza und Nager*, Teil I : *Grammatik*. Teil II : *Texte mit Übersetzungen*. Teil III : *Wörterbuch*. Wiesbaden : Otto Harrassowitz.

Biddulph, J. 1884. *Tribes of the Hindu Kush*. Lahore : Ijaz Ahmad Ali Kamran Publishers. Réimpr. 1977. Karachi : Indus Publications.

Bleichsteiner, R. 1930. Die werschikisch-buruschische Sprache im Pamir-Gebiet und ihre Stellung zu den Japhetitensprachen des Kaukasus. *Wiener Beiträge zur Kunde des Morgenlandes* I, pp. 289-331.

Brecht, Bertold. 1970. Der Rundfunk als Kommunikationsapparat. *Neues Hörspiel. Essays, Analysen, Gespräche.* Éd. par Klaus Schöning. Frankfurt am Main : Suhrkamp Verlag.

Buddruss, Georg. 1983 : Neue Schriftsprachen im Norden Pakistans. Einige Beobachtungen. *Schrift und Gedächtnis. Archäologie der literarischen Kommunikation* I. Éd. par Assmann, Aleida et Jan, et Hardmeier, Christoph. München : Wilhelm Fink Verlag, pp. 231-244.

Burrow, T. et S. Bhattacharya. 1970. *The Pengo Language.* Londres : Oxford.

Bybee, Joan, Revere Perkins et William Pagliuca. 1994. *The Evolution of Grammar.* Chicago : The University of Chicago Press.

Čašule, Ilja. 1995. “Za burušaskiot jazik”. *LIK.* Skopje : Nova Makedonija IX, pp. 349-12.

Čašule, Ilja. 1998. *Basic Burushaski Etymologies (The Indo-European and Paleo-Balkanic Affinities of Burushaski)* Préfacé par V.P. Neroznak. Lincom Etymological Studies 1. Munich : Lincom Europa.

Čašule, Ilja. 2002. (ms). *Burushaski Etymologies.* (2ème éd.).

Comrie, Bernard. 1976. *Aspect.* Cambridge : Cambridge University Press.

Croft, William, Hava Bat-Zeev Shyldkrot, et Suzanne Kemmer. 1987. Diachronic Semantic Processes in the Middle Voice. *Papers from the 7th International Conference on Historical Linguistics.* Éd. par Anna Giacalone Ramat, Onofrio Carruba and Guiliano Bernini. Amsterdam : Benjamins.

DeLancey, Scott. 1981. An Interpretation of Split Ergativity and Related Patterns. *Language* 57 (1), pp. 626-57.

DeLancey, Scott. 1982. Aspect, Transitivity and Viewpoint. *Tense-Aspect : Between Semantics and Pragmatics.* Éd. par Paul J. Hopper. Amsterdam : Benjamins.

DeLancey, Scott. 1985a. Categories of Non-Volitional Actor in Lhasa Tibetan. *Proceedings of the Conférence on Participant Roles : South Asia and Adjacent Areas.* Bloomington : Indiana University Linguistics Club, pp. 58-70.

DeLancey, Scott. 1985b. Lhasa Tibetan Evidentials and the Semantics of Causation. *BLS* 11. Berkeley : Berkeley Linguistic Society, pp. 65-72.

DeLancey, Scott. 1986. Evidentiality and Volitionality in Tibetan. *Evidentiality : the Linguistic Coding of Epistemology.* Éd. par Wallace Chafe et Johanna Nichols. Norwood (NJ) : Ablex.

DeLancey, Scott. 1990. Ergativity and the Cognitive Model of Event Structure in Lhasa Tibetan. *Cognitive Linguistics* I (3), pp. 289-321.

DeLancey, Scott. 1991. Origins of Verb Serialization in Modern Tibetan. *Studies in Language.* 15 (1), pp. 1-23.

DeLancey, Scott. 1997a. (ms). Deixis, Topicality, and the Inverse. http://darkwing.uoregon-edu/~delancey/papers/inverse-html (téléchargé le 11 octobre 1991).

DeLancey, Scott. 1997b. Mirativity : the Grammatical Marking of Unexpected Information. *Linguistic Typology* I, pp. 33-52.

Diakonoff, Igor M. et S. A. Starostin. 1986. Hurro-Urartian as an Eastern Caucasian Language. *Münchener Studien zur Sprachwissenschaft,* n.s., 12.

Emanation, Michele. 1992. Chagga "come" and "go" Metaphor and the Development of Tense-Aspect. *Studies in Language* 16 (1), pp. 1-33.

Emeneau, M. B. 1945. The Dravidian Verbs "come" and "give". *Language* 21, pp. 184-213.

Foley, William A. et Van Valin, Robert D. Jr. 1984. *Functional Syntax and Universal Grammar.* Cambridge : Cambridge University Press.

Frémont, Annette. 1982. *Contribution à l'étude du burushaski. Dix-neuf récits de Ali Ahmed Jan (Nagir), avec mot-à-mot, traduction, notes, commentaires et lexique,* thèse manuscrite de doctorat de troisième cycle, Paris, 360 pp.

Fussman, G. *Atlas linguistique des parlers dardes et kafirs.* Paris : École française d'Extrême-Orient. Paris.

Gathercole, Ginny. 1977. A Study of the Comings and Goings of the Speakers of Four Languages : Spanish, Japanese, English, and Turkish. *Kansas Working Papers in Linguisics* 2, pp. 61-94.

Grierson, G. A. 1968. *Linguistic Survey of India*. Vol. VIII, 2ème partie. 1ère éd. 1919. Burushaski or Khajuna, pp. 551-558. Warshikwār dialect, pp. 559-562. Standard Words and Sentences in the Burushaski Language, pp. 562-567.

Guru, Kamtaprasad. 1962. *Hindi vyākaran* (grammaire de l'hindi). Kashi : Nagari Pracharini Sabha.

Haspelmath, Martin. 1997. Transitivity Alternations of the Anticausative Type. *Arbeitspapier* 5. Cologne : Institut für Sprachwissenschaft, Universität zu Köln.

Heine, Bernd. 1993. *Auxiliaries : Cognitive Forces and Grammaticalization*. New York, Oxford : Oxford University Press.

Heine, Bernd. et Mechtild Relh. 1984. *Grammaticalization and Reanalysis in African Languages*. Hamburg : Helmut Buske Verlag.

Hojo, Tadao. 1964. Seiritsu kara mita "keri"no hongi. *Gekkan bumpoo*. 34, pp. 12-18.

Holisky, Dee Ann. 1979. On Lexical Aspect and Verb Classes in Georgian. *The Elements : A Parasession on Linguistics Units and Levels, including Papers from the Conference on Non-Slavic Languages of the USSR*. Chicago : Chicago Linguistic Society, pp. 390-401.

Holisky, Dee Ann. 1983. On Derived Inceptives in Georgian. *Papers in Linguistics : 2. Studies in the Languages in the USSR*. 16 (3-4). Carbondale, IL : Linguistic Research, Inc., pp. 147-170.

Hook, Peter Edwin. 1974. *The Compound Verb in Hindi*. Ann Arbor : The University of Michigan, Center for South and Southeast Asian Studies.

Hook, Peter Edwin. 1993. Aspectogenesis and the Compound Verb in Indo-Aryan. *Complex Predicates in South Asian Languages*. Éd. par Manindra K. Verma. New Delhi : Mahohar, pp. 97-113.

Hook, Peter Edwin. 1986. Null Valents in the Expression of Impersonal Action in Kashmiri and Russian. *Papers from the Regional Meetings, Chicago Linguistic Society (CLS 22)*, pp. 179-194.

Hook, Peter Edwin. 1990. A Note on Expressions of Involuntary Experience in the Shina of Skardu. *Bulletin of the School of Oriental and African Studies* 53 (1), pp. 77-82.

Hook, Peter Edwin. 1991. Emergence of Perfect Aspect in Indo-Aryan Languages. *Approaches to Grammaticalization* II. Éd. par Elizabeth Closs Traugott and Bernd Heine. Philadelplie : Benjamins, pp. 59-89.

Hook, Peter Edwin. 2001. Where do compound verbs come from : (and where are they going ?). *The Year-Book of South Asian Linguistics.* 2001. Éd. par Bhaskararao, Peri et K.V. Subbarao. New Delhi : Sage, pp. 101-130.

Hook, Peter Edwin et Chauhan, Mohabbat Man Singh. 1986. Grammatical Capture in Rajasthan. *Proceedings of the 2nd Annual Pacific Linguistics Conference, Nov. 1986.* Éd. par Scott DeLancey et Russell J. Tomlin. Eugene, Oregon : University of Oregon, Dept. of Linguistics.

Hook, Peter Edwin and Chauhan, Mohabbat Man Singh. 1988. The Perfective Adverb in Bhitrauti. *Word* 39 (3), pp. 177-186.

Hopper, Paul. 1990. Where do words come from ? *Studies in Typology and Diachrony.* Éd. par William Croft, Keith Denning et Suzanne Kemmer. Amsterdam : Benjamins, pp. 151-60.

Hopper, Paul. 1994. Phonogenesis. *Perspectives on Grammaticalization.* Amsterdam : Benjamins, pp. 29-45.

Johanson, Lars. 2000. Viewpoint Operators in European Languages. *Tense and Aspect in the languages of Europe.* Éd. par Östen Dahl. Berlin : Mouton de Gruyter, pp. 27-187.

Kellogg, S. H. 1989. *A Grammar of the Hindi Language.* 1ère édition 1876 (Calcutta et Londres). Réimpression de la 3ème édition (1938). New Delhi : Asian Educational Services.

Kemmer, Suzanne. 1993. *The Middle Voice.* Amsterdam : Benjamins.

Klimov, G. A. 1974. On the Character of Languages of Active Typology. *Linguistics* 131, pp. 11-25.

Klose, Werner. 1977. *Didaktik des Hörspiel.* 2ème édition révisée, Stuttgart : Verlag Philipp Reclam jun.

Kreutzman, H. 1998. Sprachdifferenzierung in Ost-Indukush und Karakorum (Linguistic Diversity in Hindukush and Karakorum). *Strany i narody vostoka. Tsentral'naja azija vostochnyi gindukush* 30. Éd. par I. M. Steblin-Kamenski et autres. St Petersburg : Peterburgskoe Vostokovedenie, pp. 83-108.

Lakoff, George. 1987. *Women, Fire and Dangerous Things.* Chicago : The University of Chicago Press.

Lichtenberk, Frantisek. 1991. Semantic Change and Heterosemy in Grammaticalization. *Language* 67 (3), pp. 475-509.

Lindner, Susan J. 1983. *A Lexico-Semantic Analysis of English Verb-Particle Constructions with up and out.* Ph.D. Dissertation. San Diego : University of California.

Lorimer, D. L. R. 1935a. *The Burushaski Language, Vol. I. Introduction* and Grammar. Oslo : Instituttet for Sammenlignende Kulturforskning.

Lorimer, D. L. R. 1935b. *The Burushaski Language, Vol. II. Texts and Translations.* Oslo : Instituttet for Sammenlignende Kulturforskning.

Lorimer, D. L. R. 1938. *The Burushaski Language, Vol. III. Vocabularies and Index.* Oslo : Instituttet for Sammenlignende Kulturforskning.

Lorimer, D. L. R. 1962. *Werchikwar English Vocabulaty : with a Few Werchikwar Texts. Vol. 51* Instituttet for Sammenlignende Kulturforskning. *Serie B : Skrifter.* Oslo : Norwegian Universities Press.

Morgenstierne, Georg. 1935. Preface to Lorimer 1935a, pp. VII-XXX.

Morgenstieme, Georg. 1945. Notes on Burushaski Phonology. *Norsk Tidskrifft for Sprogvidenskaap* 13, pp. 67-95.

Morin, Yves-Charles et Étienne Tiffou. 1989. *Dictionnaire complémentaire du Bourouchaski du Yasin* (Études bourouchaski : 2). Paris : Peeters/ SELAF.

Morin, Yves-Charles et Étienne Tiffou. 1998. Passives in Burushaski. *Passive and Voice,* Typological Studies in Language 16. Éd. Par M. Shibatani, Amsterdam : Benjamins, pp. 493-524.

Müller-Stellrecht, Irmtraud. 1979. *Materialien zur Ethnographie von Dardistan (Pakistan). Aus den nachgelassenen Aufzeichnungen von D.L.R. Lorimer. Teil I. Hunza.* Graz : Akademische Druck- und Verlaganstalt.

Nainsi, M. 1960. *Munhatā naiNsī rī khyāt.* Éd. par B. P. Sakaria. Jodhpur : Rajasthan Prachavidya Prathshthan.

Nasir Uddin Hunzai. 1960. *Divān-i- Naṣīrī.* Karachi.

Nasir Uddin Hunzai, Morin, Y.-Ch. et É. Tiffou. 1984, "Proverbes du Hounza". *Orbis* 33, p. 239-51.

Nasir Uddin Hunzai. 1991a. *Burušaski burjooniŋ*. Burušaski Risarč Ekaḍemi. Hunzo, Giilt, Karaači.

Nasir Uddin Hunzai. 1991b. *Saweene bariŋ*. Burušaski Risarč Ekaḍemi. Hunzo, Giilt, Karaači.

Nedjalkov, Vladimir P. et B. Comrie. 1988. *Typology of Resultative Constructions*. Amsterdam : Benjamins.

Nichols, Johanna. 1993. Ergativity and linguistic geography. *Australian journal of linguistics* 13, pp. 39-89.

Nichols, Johanna. 1994. The structure of the Nakh-Daghestanian Verb Root and Verb Stem. *Non-Slavic Languages of the USSR : Papers from the Fourth Conference*. Éd. par Howard I. Aronson. Columbus, OH : Slavica, pp. 160-84.

Patry, Richard et Étienne Tiffou. 1998. Étude exploratoire des connecteurs de liaison dans un corpus de contes en bourouchaski du Yasin : critères d'identification, quantité et distribution. *Langue et langues. Hommage à Albert Maniet* (éd. par Y. Duhoux). *Bibliothèque des Cahiers de l'institut de Louvain*, pp. 225-243.

Patry, Richard et Étienne Tiffou. 1997. ms. *Les emprunts lexicaux à l'ourdou en bourouchaski du Yasin : un phénomène qui varie selon l'âge*. Communication au congrès New Wave (Québec 1997).

Radden, Günther. 1994. Motion metaphorized : The case of *coming* and *going*. *Studies in Linguistics III*. A Supplement to the Hungarian Journal of English and American Studies. Éd. par Béla Korponay et par Péter Pelyvás. Debrecen : Készült a Kossiuth Lajos Tudamányegyeten, pp. 68-95.

Sapir, Edward. 1967. *Le langage*. Paris : Payot.

Schulze-Fürhoff. 1994. Aspect Coding Techniques in the Lezgian Languages. *Non-Slavic Languages of the USSR : Papers from the Fourth Conference*. Éd. par Howard I. Aronson. Columbus, OH : Slavica, pp. 193-207.

Sinha, Anjani Kumar. 1972. On the Deictic Use of 'coming' and 'going' in Hindi. *Papers from the 8th Regional Meeting, Chicago Linguistics Society*. Chicago : Chicago Linguistics Society, pp. 351-58.

Shinzato, Rumiko. 1991. Where do Temporality, Evidentiality and Epistemicity Meet ? A Comparison of Old Japanese *-ki* and *-keri* with Turkish *-di* and *-miş*. *Gengo Kenkyu* 99, pp. 25-57.

Soe, Myint. 1994. A Semantic Study of Deictic Auxiliaries in Burmese. *Linguistics of the Tibeto-Burman Area* 17 (1), pp.125-39.

Starostin, S. A. 1984. Gipotez o geneticheskix svjazjaz sinotibetskix jazykov i jenisejskimi i severnokavkazskimi jazykami. *Lingvisticheskaja rekonstruktsija i drevnejshaja istorija Vostoka* IV. Moscou, pp. 19-38.

Starostin, S. A. 1991. On the Hypothesis of a Genetic Connection between the Sino-Tibetan Languages and the Yeniseian and North Caucasian Languages. *Dene-Sino-Caucasian Languages*. Éd. par V. Shevororoshkin. Bochum : Bochum, pp. 12-41.

Stern, Theodore. 1984. Sizang, (Siyin) Chin Texts. *Linguistics of the Tibeto-Burman Area* 8 (1), pp. 43-58.

Tedlock Dennis et Bruce Mannheim (éd.). 1995. *The Dialogic Emergence of Culture*. Urbana et Chicago : University of Illinois Press.

Tiffou, Étienne et Jurgen Pesot. 1989. *Contes du Yasin : introduction au bourouchaski du Yasin avec grammaire et dictionnaire analytique*. (Études bourouchaski : 1). Paris : Peeters/SELAF.

Tiffou, Étienne et Yves-Charles Morin. 1993. Le préfixe *d-* en bourouchaski du Yasin. *Actes du XVème congrès international des linguistes, Québec, Université Laval, 9-14 août 1997 ; Les Langues menacées/Endangered Languages* 2. Éd. par A. Crochetière, J.-C. Boulanger et C. Ouellon. Québec : Les presses de l'Université Laval, pp. 385-88.

Tiffou, Étienne et Richard Patry. 1995. La notion de pluralité verbale : le cas du bourouchaski. *Journal Asiatique* 282 (l), pp. 407-444.

Tiffou, Étienne et Richard Patry. 1998. La double causation en bourouchaski du Yasin. *Actes du XVIème congrès international des linguistes* (éd. par B. Caron). Publication sous forme de CD. Section 3 : Typologie et invariants. Oxford : Pergamon. Texte 0068, 10 pages.

Tiffou, Étienne. 1999. *Parlons Bourouchaski*. Paris : L'Harmattan.

Tiffou, Étienne. 2000. Current Research in Burushaski : a Survey. *History of Language* VI (1), pp. 15-22.

Tikkanen, Bertil. 1988. On Burushaski and other Ancient Substrata in Northwestern South Asia. *Studia Orientalia* 64, pp. 303-325.

Tikkanen, Bertil. 1991. A Burushaski Folktale, Transcribed and Translated : The Frog as a Bride, or, The Three Princes and the Fairy Princess Salaasir. Studia *Orientalia* 67, pp. 65-125.

Tikkanen, Bertil. 1995. Some areal Phonological Isoglosses in the Transit Zone between South and Central Asia. *Third International Hindukush Cultural Conference.* Chitral, 18.

Tikkanen, Bertil. 1999a. ms. Review of Berger, Hermann, *Die Burushaski Sprache von Hunza und Nager, 3 vols.* À paraître dans *Kratylos* (Würzburg) 2000.

Tikkanen, Bertil. 1999b. Concerning the Typology of Burushaski and the Roots of its Prefixes *d-* and *n-*. *Studia Orientalia* 85, pp. 277-300.

Tikkanen, Bertil. 1999c. Archæological-linguistic Correlations in the Formation of Retroflex Typologies and Correlating areal Features in South Asia. *Archæology and Language IV. Language change and cultural transformation.* 1ère édition. *One World Archæology.* Londres : Routledge, pp.138-148.

Tuite, Kevin. 1998. Evidence for Prehistoric Links between the Caucasus and Central Asia : The Case of the Burushos. *The Bronze Age and Early Iron Age Peoples of Eastern Central Asia.* Éd. par Victor H. Mair. Vol. I. Archeology, Migration and Nomadism, Linguistics. Washington DC : The Institute for the Study of Man in collaboration with the University of Pennsylvania Museum Publications, pp. 448-75.

van Skyhawk, Hugh, 1996. *Libi Kisar. Ein Volksepos im Burushaski vom Nager.* Mit Beiträgen und Ergänzungen Vom H. Berger und K. Jettmar. Wiesbasen : Otto Harrassowitz.

van Skyhawk, Hugh, 1998. Underground Music in Gilgit. *Culture area Karakorum Scientific Studies. Vol IV : Karakorum–Hindukush–Himalaya : Dynamics of Change.* Éd. par Müller-Stellrecht, Irmtraud. Cologne : Rüdiger Köppe Verlag, pp. 663-672.

van Skyhawk, Hugh. À paraître. On Heroes in the Karakoram. *The Concept of the Hero in South Asia.* Éd. par Heidrun Brückner, Hugh van Skyhawk et Claus Peter Zoller. New Delhi : Manohar Publishers.

van Skyhawk, Hugh. 2003. *Materialen zur Verständnis einer archaischen Bergkultur in Nordpakistan.* Beiträge zur Indologie 38. Wiesbaden : Harassowitz.

Varma, S. 1931. Burushaski Texts. *Indian Linguistics* I, pp. 256-282.

Varma, S. 1941. Studies in Burushaski Dialectology. *Journal of the Royal Asiatic Society of Bengal, Letters* 7, pp. 133-73.

Vendler, Zeno. 1967. Verbs and Times. *Linguistics in Philosophy*. Ithaca, N.Y. : Cornell University Press, pp. 97-121

Wilkins, David P. et Deborah Hill. 1995. When 'go' means 'come' : Questioning the Basicness of Basic Motion Verbs. *Cognitive Linguistics* 6 (203), pp. 209-56.

Willson, S. R. 1994a. *BiTayoe Minashing (Stories of Famous Shamans)*. The Summer Institute of Linguistics. Islamabad.

Willson, S. R. 1994b. *J̣uin, mishaaski yaṭayan ! How to read Burushaski*. The Summer Institute of Linguistics. Islamabad.

Willson, S. R. 1994c. *Muunulum Daadoe Minas daa Puno ke Shiri Baraai Baghar Tham (The Stories of Munulum Dado and Shiri Baraai Baghar Tham*. The Summer Institute of Linguistics. Islamabad.

Willson, S. R. 1994c. *Shaazaada Bahram ke burum fut*. The Summer Institute of Linguistics. Islamabad.

Willson, S. R. 1996. Verb Agreement and Case Marking in Burushaski.*Work Papers of the Summer Institue of Linguistics. University of North Dakota* 40, pp. 1-71.

Zarubin, I. I. 1927. Vershikskoe narečije kandžutskogo jazyka. *Kollegija vostokovedov. Zapiski* 2, pp. 275-364.

TABLE DES MATIÈRES

BIBLIOTHÈQUE DES CILL (BCILL)

VOLUMES RÉCENTS

Tous les volumes antérieurs de la BCILL sont disponibles et peuvent être commandés chez les Editions Peeters

BCILL 90: **J.-M. ELOY**, *La constitution du Picard: une approche de la notion de langue*, IV-259 pp., Louvain-la-Neuve, Peeters, 1997. Prix: 23 €. ISBN 90-6831-905-1.
Cet ouvrage fait le point sur le cas picard et développe une réflexion originale sur la notion de langue. À partir des théories linguistiques, de l'histoire du fait picard et d'une démarche principalement sociolinguistique, l'auteur dégage des résultats qui éclairent la question des langues régionales d'oïl, et au delà, intéressent la linguistique générale.

BCILL 91: **L. DE MEYER**, *Vers l'invention de la rhétorique. Une perspective ethnologique sur la communication en Grèce ancienne,* 314 pp., Louvain-la-Neuve, Peeters, 1997. Prix: 28 €. ISBN 90-6831-942-6.
L'auteur, s'inspirant des données de l'ethnologie de la communication, tente une description généalogique des différents «niveaux de conscience» du discours qui ont précédé celui de la rhétorique proprement dite. Le passage des «proto-rhétoriques», encore fortement liées à la «parole efficiente», à la rhétorique est analysé dans ses rapports aux nouveaux usages de l'écriture, à la crise de l'expérience démocratique athénienne et à l'avènement de la philosophie.

BCILL 92: **J. C. HERRERAS** (éd.), *L'enseignement des langues étrangères dans les pays de l'Union Européenne*, 401 pp. Louvain-la-Neuve, Peeters, 1998. Prix: 36 €. ISBN 90-429-0025-3.
L'Union Européenne, en choisissant de garder onze langues officielles, a fait le pari de la diversité linguistique. Mais cette option a aussi ses exigences, puisque, pour faciliter la mobilité des citoyens et assurer une meilleure intercompréhension à l'intérieur de la Communauté, l'apprentissage des langues des partenaires européens est indispensable. Le présent ouvrage essaie d'analyser dans quelle mesure la politique linguistique des pays membres contribue à atteindre ces objectifs.

BCILL 93: **C. DE SCHAETZEN** (éd.), *Terminologie et interdisciplinarité. Actes du Colloque organisé en avril 1996 par le Centre de terminologie de Bruxelles (Institut Libre Marie Haps) et l'Association internationale des Professeurs de Langues vivantes*, 184 pp., Louvain-la-Neuve, Peeters, 1997. Prix: 17 €. ISBN 90-6831-949-3.
La terminologie des spécialistes est à la fois obstacle et vecteur de communication inderdisciplinaire. Ce volume constitue les *Actes* d'un Colloque centré sur les rapports entre terminologie et inderdisciplinarité.

BCILL 94: **A. MANIET**, *Répercussions phonologiques et morphologiques de l'évolution phonétique: le latin préclassique*, XIV-303 pp., Louvain-la-Neuve, Peeters, 1997. Prix: 28 €. ISBN 90-6831-951-5.

L'ouvrage vise à tester, sur le plan phonique, le principe fonctionnaliste d'économie. La démonstration se base sur la série algorithmique, quantifiée, des changements phoniques qui ont fait aboutir le système d'un corpus reconstitué au système représenté par un corpus latin préclassique, y compris les variantes morphologiques.

BCILL 95: **A. TABOURET-KELLER** (éd.), *Le nom des langues. I. Les enjeux de la nomination des langues*, 274 pp., Louvain-la-Neuve, Peeters, 1997. Prix: 24 €. ISBN 90-6831-953-1.
Nommer une langue, loin d'être une question linguistique, relève d'enjeux qui intéressent aussi bien les institutions que les personnes et qui sont souvent contradictoires. Dans ce premier tome d'une série traitant du *nom des langues*, une dizaine d'études illustrent cette problématique en s'appliquant chacune à un cas bien particulier.

BCILL 96: **A. MEURANT**, *Les Paliques, dieux jumeaux siciliens*, 123 pp., Louvain-la-Neuve, Peeters, 1998. Prix: 13 €. ISBN 90-429-0235-3.
Une étude détaillée du mythe et du culte de très vieilles divinités siciliennes devenues symboles de liberté et consultées pour éprouver la bonne foi. La formation de leur légende, la nature de leur gémellité et leurs relations avec les Δέλλοι y sont particulièrement analysées.

BCILL 97: **Y. DUHOUX** (éd.), *Langue et langues. Hommage à Albert Maniet*, 289 pp., Louvain-la-Neuve, Peeters, 1998. Prix: 27 €. ISBN 90-429-0576-X.
Treize articles (de Y. Duhoux, É. Évrard, G. Jucquois, M. Lavency, A. Léonard, G. Maloney, P. Martin, A. Paquot, R. Patry, E.C. Polomé, É. Tiffou, K. Tuite) traitent d'indo-européen, de grec ancien, de latin, de français contemporain, de bourouchaski, de svane, et de la langue conçue comme thermomètre social.

BCILL 98: **F. BENTOLILA** (éd.), *Systèmes verbaux*, 334 pp., Louvain-la-Neuve, Peeters, 1998. Prix: 39 €. ISBN 90-429-0708-8.
Les quinze descriptions présentées dans cet ouvrage, toutes fondées sur les mêmes principes théoriques, fourniront des matériaux homogènes à la typologie et à la comparaison. Les auteurs ont eu le souci de dégager les unités par commutation, de distinguer unité et variante d'unité, et de répartir les déterminants en classes sur la base de l'exclusion mutuelle. À partir de leurs travaux, on perçoit mieux la spécificité des déterminants grammaticaux du verbe par rapport aux marqueurs d'opération énonciative (assertion, interrogation, injonction), aux subordonnants et aux affixes de dérivation.

BCILL 99: **Sv. VOGELEER, A. BORILLO, C. VETTERS, M. VUILLAUME** (éds), *Temps et discours*, 282 pp., Louvain-la-Neuve, Peeters, 1998. Prix: 26 €. ISBN 90-429-0664-2.
Les articles réunis dans ce volume explorent trois aspects des rapports entre temps et discours: la référence temporelle; la relation entre type de discours et emploi des temps verbaux; les manifestations discursives du développement du système temporel au cours de l'acquisition. Ce livre intéressera tous les linguistes qui étudient la temporalité.

BCILL 100: *Hethitica XIV*, 177 pp., Louvain-la-Neuve, Peeters, 1999. Prix: 16 €. ISBN 90-429-0732-0.
Treize articles de S. de Martino, M. Forlanini, D. Groddek, R. Lebrun, M. Mazoyer, E. Neu, A. Polit, M. Popko, O. Soysal, F. Imparati.

BCILL 101: **H. FUGIER**, *Syntaxe malgache*, 253 pp., Louvain-la-Neuve, Peeters, 1999. Prix: 23 €. ISBN 90-429-0710-X.
Cette *Syntaxe* décrit l'état de langue dit *malgache officiel*, sur base d'un corpus dont sont analysés en détail 450 énoncés, échelonnés du *classique ancien* à la *langue commune* actuelle. Chaque classe de constituants est définie par son utilité fonctionnelle dans la construction de la phrase. L'auteur montre comment l'énoncé grammatical se complexifie par un jeu d'applications successives où interviennent des phénomènes typologiquement remarquables (voix multiples, nom verbal avec son possesseur-agent, verbes sériés...).

BCILL 102: **Ph. BLANCHET, R. BRETON, H. SCHIFFMAN** (éd.), *Les langues régionales de France: un état des lieux à la veille du XXIe siècle – The Regional Languages of France: an Inventory on the Eve of the XXIst Century*, 202 pp., Louvain-la-Neuve, Peeters, 1999. Prix: 18 €. ISBN 90-429-0791-6.
Des (socio)linguistes, ethnologues, géographes, juristes et responsables de l'enseignement dressent le panorama des problèmes de six langues régionales de France: alsacien, basque, breton, corse, occitan, provençal.

BCILL 103: **S. VANSÉVEREN**, *«Prodige à voir». Recherches comparatives sur l'origine casuelle de l'infinitif en grec ancien*, 192 pp., Louvain-la-Neuve, Peeters, 2000. Prix: 18 €. ISBN 90-429-0835-1.
Étude sur l'origine casuelle de l'infinitif grec ancien, principalement en grec homérique. L'optique est comparative, morphologique, syntaxique, prosodique, mais surtout méthodologique, prenant en compte les problèmes fondamentaux de la grammaire comparée des langues indo-européennes. En plus du grec, sont examinés les faits en latin, sanskrit védique, avestique, hittite, arménien, tokharien, germanique, vieux slave, balte et celtique.

BCILL 104: **Yves DUHOUX**, *Le verbe grec ancien. Éléments de morphologie et de syntaxe historiques* (deuxième édition, revue et augmentée), Louvain-la-Neuve, Peeters, 2000, 561 pp. Prix: 50 €. ISBN 90-429-0837-8.
La deuxième édition de ce livre étudie la structure et l'histoire du système verbal grec ancien. Menées dans une optique structuraliste, les descriptions morphologiques et syntaxiques sont toujours associées, de manière à s'éclairer mutuellement. Une attention particulière à été consacrée à la délicate question de l'aspect verbal. Les données quantitatives ont été systématiquement traitées, grâce à un *corpus* de plus de 100.000 formes verbales s'échelonnant depuis Homère jusqu'au IVe siècle.

BCILL 105: **F. ANTOINE**, *Dictionnaire français-anglais des mots tronqués*, LX-209 pp., Louvain-la-Neuve, Peeters, 2000. Prix: 24 €. ISBN 90-429-0839-4.
Ce dictionnaire bilingue français-anglais présente les mots tronqués ("doc" pour "docteur", etc.) du français. Il propose pour chaque terme: une traduction en anglais la plus fidèle possible du point de vue historique et stylistique; des mises en contexte propres à faire apparaître d'autres traductions; des citations qui l'illustrent; l'information lexicologique pertinente. L'ouvrage est précédé d'une étude des aspects historiques, sociologiques, morphologiques et psychologiques des mots tronqués.

BCILL 106: **F. ANTOINE**, *An English-French Dictionary of Clipped Words*, XLIV-259 pp., Louvain-la-Neuve, Peeters, 2000. Prix: 27 €. ISBN 90-429-0840-8.
This book is a bilingual dictionary of English clipped words ("doc" for "doctor", etc.).

It offers for each headword: one or several translations into French, which aim to be as accurate as possible from the historical and stylistic point of view; examples of usage to show other possible translations; illustrative quotations; the pertinent lexicological data. The dictionary proper is preceded by an analysis of the historical, sociological, morphological and psychological aspects of clippings.

BCILL 107: **M. WAUTHION - A. C. SIMON** (éd.), *Politesse et idéologie. Rencontres de pragmatique et de rhétorique conversationnelles,* 369 pp. Louvain, Peeters, 2000. Prix: 33 €. ISBN 90-429-0949-8.
Ce volume représente les actes du colloque qui, en novembre 1998, a réuni à Louvain-la-Neuve une trentaine de chercheurs francophones pour explorer les rapports entre linguistique et littérature autour du thème de la politesse des échanges et de la rhétorique des conversations. Ces univers scientifiques distincts nous rappellent la vocation de la politesse à agir dans la science classique comme dénominateur commun du savoir et du savoir-vivre.

BCILL 108: **L. BEHEYDT — P. GODIN — A. NEVEN — B. LAMIROY — W. VAN BELLE — J. VAN DER HORST — W. VAN LANGENDONCK** (éd.), *Contrastief onderzoek Nederlands-Frans / Recherches contrastives néerlandais-français,* 239 pp., Louvain, Peeters, 2001. Prix: 21 €. ISBN 90-6831-1004-6.
Ce recueil interpellera linguistes, didacticiens, traducteurs et enseignants soucieux de voir leurs pratiques éclairées par les données de la recherche. Problèmes de phonétique et de morphologie, de syntaxe et de sémantique, démarches fonctionnelles et cognitives conduiront le lecteur à bien des considérations, parfois audacieuses, toujours dûment motivées. Ces textes ont été présentés lors du colloque de linguistique contrastive "Néerlandais-Français" organisé en étroite collaboration entre l'UCL et la KUL, en mars 2000 à Louvain-la Neuve.

BCILL 109: *Hethitica XV. Panthéons locaux de l'Asie Mineure pré-chrétienne. Premier Colloque Louis Delaporte – Eugène Cavaignac (Institut Catholique de Paris, 26-27 mai 2000), Acta Colloquii edenda curavit* René LEBRUN, 244 pp., 2002. Prix: 23 €.

BCILL 110: **J. PEKELDER**, *Décodage et interprétation. Ordres linguistique, iconique et pragmatique en néerlandais contemporain*, 298 pp. Louvain, Peeters, 2002. Prix: 42 €. ISBN: 90-429-1139-5.
Quel est le comportement du récepteur natif en néerlandais contemporain? Quelles sont les stratégies de décodage et d'interprétation de l'organisation linéaire des constituants? Comment construire valablement un modèle permettant de simuler ces stratégies? Telles sont les principales questions qu'aborde ce livre.

BCILL 111: **P. LORENTE FERNÁNDEZ,** *L'aspect verbal en grec ancien. Le choix des thèmes verbaux chez Isocrate,* 400 pp., Louvain, Peeters, 2003. Prix: 36 €. ISBN 90-429-1296-0.
Cet ouvrage présente une approche nouvelle du difficile problème de l'aspect verbal en grec ancien. Utilisant une base informatisée de 14980 formes verbales, il étudie en détail une cinquantaine de facteurs (morphologiques, syntaxiques et lexicaux) susceptibles d'avoir une incidence sur le choix aspectuel. Il en résulte que les temps de 95% des formes du corpus sont explicables par un ou plusieurs facteurs dont l'influence est statistiquement démontrable.

BCILL 112: **H. BOUILLON** (éd.), *Langues à niveaux multiples. Hommage au Professeur Jacques Lerot à l'occasion de son éméritat,* 284 pp. Louvain, Peeters, 2004. Prix: 25 €. ISBN 90-429-1428-9.
Une moisson de faits de langue dans des cultures aussi bien proches qu'éloignées comme le Burundi ou Madagascar, examinés d'un point de vue linguistique, littéraire ou didactique: c'est ce que rassemblent les 18 articles de ce volume offert à Jacques Lerot à l'occasion de son éméritat. Leurs 21 auteurs ont voulu exprimer leur amitié au collègue émérite en employant les langues qui lui tiennent à cœur, français, allemand, néerlandais ou anglais.

BCILL 113: **É. TIFFOU** (éd.), *Bourouchaskiana. Actes du Colloque sur le bourouchaski organisé à l'occasion du XXXVIe Congrès international sur les Études asiatiques et nord-africaines (Montréal, 27 août — 2 septembre 2002),* 124 pp., Louvain-la-Neuve, Peeters, 2004. Prix: 15 €. ISBN 90-429-1528-5
Ces *Bourouchaskiana* présentent un panorama des connaissances relatives au bourouchaski, langue sans parenté démontrée et qui constitue un isolat parlé par seulement quelques dizaines de milliers de locuteurs dans l'extrême nord du Pakistan. On y trouvera six articles dus à cinq éminents spécialistes: E. Bashir, H. Berger, Y. Morin, É. Tiffou et H. van Skyhawk.

SÉRIE PÉDAGOGIQUE DE L'INSTITUT DE LINGUISTIQUE DE LOUVAIN (SPILL)

VOLUMES RÉCENTS

Tous les volumes antérieurs de la SPILL sont disponibles et peuvent être commandés chez les Editions Peeters

SPILL 20: **C. CAMPOLINI, V. VAN HÖVELL, A. VANSTEELANDT,** *Dictionnaire de Logopédie: Le développement normal du langage et sa pathologie.* XVI-138 pages; 1997. Prix: 12 €. ISBN 90-6831-897-7.
Cet ouvrage rassemble les termes utilisés en logopédie-orthophonie pour décrire la genèse du langage et les troubles qui peuvent entraver les processus normaux de son acquisition. Première étape d'une réflexion qui cherche à construire un outil terminologique spécialement destiné aux professionnels du langage, il s'adresse également aux parents et enseignants, témoins privilégiés de l'évolution linguistique des enfants.

SPILL 21: **Fr. THYRION,** *L'écrit argumenté. Questions d'apprentissage,* 285 pp., Louvain-la-Neuve, Peeters, 1997. Prix: 25 €. ISBN 90-6831-918-3.
Ce livre est destiné aux enseignants du secondaire et du supérieur qui ont à enseigner la tâche créative à haut degré de complexité qu'est l'écrit argumenté. Les opérations d'un apprentissage progressif et adapté au niveau des apprenants y sont passées en revue, de même que les étapes et les indices de la maîtrise du processus.

SPILL 22: **C. CAMPOLINI, V. VAN HÖVELL, A. VANSTEELANDT,** *Dictionnaire de logopédie: Les troubles logopédiques de la sphère O.R.L.,* XV-123 pages; 1998. Prix: 15 €. ISBN 90-429-006-7.
Ce livre est une suite logique d'un premier ouvrage et se veut une étape dans la construction d'un dictionnaire exhaustif du langage logopédique. Il aborde les domaines du dysfonctionnement tubaire, de l'orthopédie dento-faciale, de la dysphagie et dysphonies. S'il s'adresse bien sûr aux logopèdes-orthophonistes, il cherche aussi à interpeller les spécialistes de l'équipe pluridisciplinaire et susciter ainsi la rencontre de savoir-faire complémentaires.

SPILL 23: **Ph. BLANCHET,** *Introduction à la complexité de l'enseignement du français langue étrangère,* 253 pp., Louvain-la-Neuve, Peeters, 1998. Prix: 23 €. ISBN 90-429-0234-5.
Cet ouvrage novateur propose un parcours à travers les questions fondamentales qui se posent quant à la diffusion et l'enseignement du «Français Langue Étrangère». On les examine de points de vue issus de courants scientifiques récents (interculturalité, pragmatique, sociolinguistique, sciences de l'éducation), dans une éthique pluraliste respectueuse de l'Autre, associant diversité et unité. Une bibliographie fournie étaye le propos et ouvre vers des développements ultérieurs. Ce livre s'adresse à ceux qui désirent s'initier à la didactique des langues, s'orienter vers l'enseignement et la diffusion du F.L.E., ainsi que plus largement à tous ceux que la question des langues et de culture intéresse.

SPILL 24: **J. GRAND'HENRY**, *Une grammaire arabe à l'usage des Arabes*, 154 pp., Louvain-la-Neuve, Peeters, 1999. Prix: 13 €. ISBN 90-429-0761-4.
L'étudiant francophone qui souhaite apprendre la langue arabe dans une université européenne utilisera généralement une grammaire arabe rédigée en français par un arabisant, et il y en a d'excellentes. S'il dépasse le niveau élémentaire et veut se perfectionner par des séjours linguistiques en pays arabe, il se trouvera rapidement confronté à un problème difficile: celui de la grammaire arabe à l'usage des Arabes, la seule employée par les enseignants arabophones dans l'ensemble du monde arabe, qu'elle s'adresse à des étudiants arabophones ou non. Pour cette raison, l'auteur du présent ouvrage s'efforce depuis plusieurs années d'initier ses étudiants au vocabulaire technique de la grammaire arabe destinée aux Arabes. On aperçoit l'avantage d'une telle méthode: permettre à l'étudiant francophone d'aborder d'emblée des cours de perfectionnement de niveau supérieur en pays arabe, en ayant acquis au préalable les bases indispensables. Il s'agit ici de la traduction et des commentaires d'un manuel libanais largement utilisé dans les écoles du monde arabe.

SPILL 25: **C. CAMPOLINI, V. VAN HÖVELL, A. VANSTEELANDT**, *Dictionnaire de logopédie: Le développement du langage écrit et sa pathologie.* Louvain-la-Neuve, Peeters, 2000. Prix: 15 €. ISBN 90-429-0862-9.
Ce troisième volet du «dictionnaire de logopédie» s'inscrit comme une suite logique des deux ouvrages qui l'ont précédé. Après avoir envisagé le langage oral, son évolution normale et les troubles qui peuvent entraver son développement, les auteurs se devaient de prolonger leur réflexion en se penchant sur le langage écrit dont le point d'encrage s'appuie sur un ensemble de bases linguistiques, préalablement intégrées.

SPILL 26: **C. CAMPOLINI, A. TIMMERMANS, A. VANSTEELANDT,** *Dictionnaire de logopédie. La construction du nombre.* Louvain-La-Neuve, Peeters, 2002. Prix: 15 €. ISBN 90-429-1093-3.
Cet ouvrage prolonge la réflexion terminologique poursuivie dans le secteur de la logopédie. Les auteurs abordent ici un domaine qui peut apparaître, de prime abord, assez éloigné de la vocation paramédicale première des logopèdes. L'élaboration de la notion de nombre est d'ailleurs un domaine qui intéresse tout autant les enseignants, les psychologues et les éducateurs en général, spécialisés ou non. Les logopèdes sont pourtant souvent sollicités pour la rééducation des troubles d'apprentissage en calcul dont les causes profondes doivent être recherchées dans les toutes premières étapes du développement cognitif.